しっかり役立つ

葬儀法要しきたりあいさつ手紙

すぴーち工房

法研

「弔事での困った」を一挙解決

家族や親しい人が亡くなったら、どんな行動をとればいいのでしょう？　悲しみは悲しみとして、すぐに通夜・葬儀の準備にかからなければいけません。近親者に知らせ、葬儀社を決め、お寺に連絡し……など、限られた時間にしなくてはいけないことがたくさんあります。無事、葬儀が終わったあとも、お世話になった方への返礼や香典返しと、あわただしいことこのうえない。

葬儀を執り行った遺族の感想は、ただただ「忙しかった」というのが正直なところのようです。一説には、この「忙しいあれこれ」があればこそ、悲しみをしばし忘れることができる、これは昔の人が考え出した優れた知恵だともいわれますが、それほど、通夜・葬儀にはしなくてはいけないことが多く、とかく迷うことが多いのです。

そんな「困った」遺族に通夜・葬儀の進め方やしきたりのあれこれを解説したのが本書。加えて、どのような服を着て出かけ、どのように焼香をすればいいかなど、会葬者の「困った」にも答えています。

また、通夜・葬儀をとおして行われる「通夜ぶるまいでのあいさつ」「出棺時のあいさつ」「法要でのあいさつ」など遺族側のあいさつ、「遺族へのお悔やみ」や「弔辞」など会葬者のあいさつも、苦手な人は多いのです。さらに「お悔やみの手紙」や会葬者への「お礼の手紙」なども文例があれば知りたいところです。

それら、通夜・葬儀・法要で本当に困ってしまう「しきたり」と「あいさつ」「手紙」の文例を本書では数多く紹介しています。

いざというとき困らないように、いや困ったときにぜひ、お役立てください。

すぴーち工房

Part 1 葬儀の進め方とあいさつ・手紙 11

★危篤から納棺

★葬儀の準備・通夜

CONTENTS

★葬儀後のいろいろ

CONTENTS

CONTENTS

編集協力／有限会社耕企画
カバーデザイン／小杉研一
本文デザイン／石川妙子
本文イラスト／山根あつし

Part 1

葬儀の進め方とあいさつ・手紙

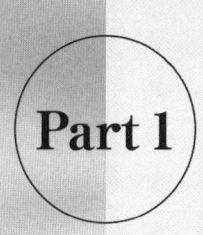

危篤の連絡をする

危篤に際して

突然の事故の場合はもちろん、長らく患っていた病人が、医師から危篤状態であることを告げられたら身内にとっては大変つらいもの。死に直面して受け入れられない心の動揺が大きいことでしょう。病人が危篤《きとく》状態になったら心をしっかり持って、死後になすべきことの心づもりをしておくことも必要です。

近親者や本人が親しくしていた友人・知人など、意識のあるうちに臨終《りんじゅう》に立ち会ってもらいたい人への連絡など、ある程度の心づもりをすることによって、あわてて始めるより時間的、精神的ゆとりができ、家族の死をより深く悼《いた》むことができます。

近親者や友人知人への連絡

一刻も早く最後の別れをさせたい人に危篤の連絡をします。

連絡は親せき（通常3親等くらいまでがめやす）や本人が会いたがっている友人・知人、勤務先や学校・関係団体、隣近所などの順にします。連絡を受けた人は、何をおいても駆けつけることになるので、親類であっても、普段からつき合いのない人まで知らせる必要はないでしょう。基本的には、本人が本当に会いたがっている人だけにするのが望ましいです。

相手がすぐに駆けつけてくれる場合は、病院への道順や電話番号などを伝え、知らせる相手が病気の場合には、連絡を控えることもあります。

連絡方法

危篤の連絡は電話・携帯電話が最も早い手段でしょう。短時間に多方面に知らせる必要があるので、要件を簡潔に伝えることが大切です。緊急の場合ですから、たとえ相手が目上の人であっても電話で失礼にはなりません。不在の場合は、留守番電話やＦＡＸ、電報の方法もあります。知らせる相手がたくさんいるときは、何人かで分担しますが、連絡した人を忘れずにメモしておきましょう。

　病院では公衆電話を利用しますのでテレホンカードか小銭を多めに用意します。

葬儀についての心づもり

　まだ心の動揺があるうちに心理的な抵抗は大きいでしょうが、病院の入院・治療費や、本人が希望する生前予約をしている葬儀社があったか、葬儀の形式や段取り、予算のことも現実問題として考えておかねばなりません。

　あらかじめ葬儀社を調べておくことも必要です。遺体の搬送先や斎場の件、日ごろからおつき合いをしているお寺（菩提寺《ぼだいじ》）や宗派、法的手続きなど、葬儀に際して用意する物を葬儀社に事前の相談をしておきます。

準備できることを早めに

　臨終後、死亡通知などすぐに連絡を必要とする人の住所や電話番号をリストアップしておいたり、遺影に使う写真を考えておきます。

　遺言がある場合は、３人以上の立会人のもとで書き留めます。

連絡は3親等までがめやす

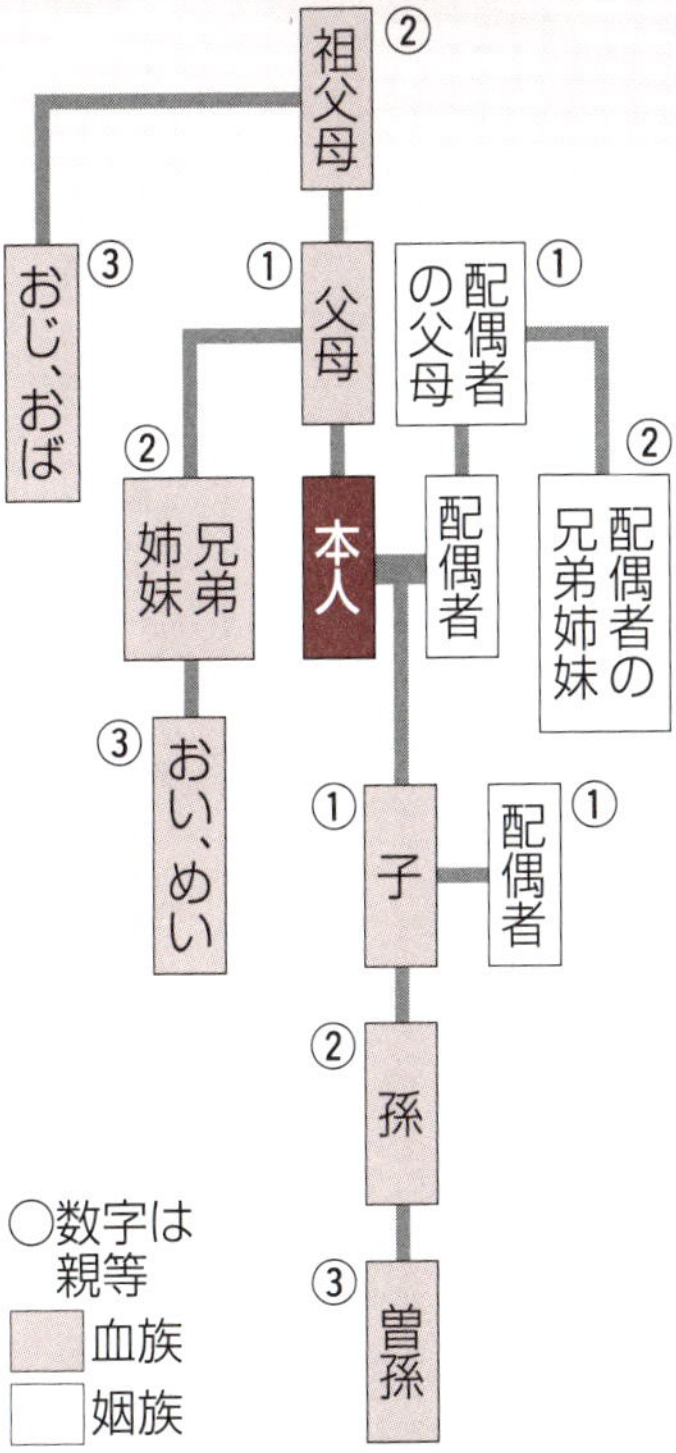

危篤の連絡の言葉

まず行うこと

危篤《きとく》状態であることを医師から告げられたら、すみやかに近親者や本人が会いたがっている人に連絡します。電話での連絡は直接相手と話ができるので、最も確実です。しかし先方が留守の場合には電報を打ちます。

緊急を要するので、家族や近親者以外の相手でも日常的なあいさつは省き要点のみ言います。すぐに本人の状態が危篤であることを手短に、確実に、気持ちを落ち着けて伝えます。来てもらえるかどうかの確認は必要ありません。

知らせるときの要点

①**だれが**（危篤者の氏名）
②**本人の容体と今後の見通し**
③**どこにいるか**（病院・自宅、もしくは安置場所名、所在地の連絡先）
④**どうして**（不測の事故や病名）
⑤**来院・来訪のお願いを伝える**（会わせたい場合でも、先方に無理強いはしない）

早朝や深夜の場合には、緊急で時を選ばない失礼をお詫びします、という気持ちを添えましょう。

連絡する際に、前もって要点をメモしておくと、とまどいません。

留守電・ＦＡＸ・電報で

留守電の場合も同様にメッセージを入れます。ＦＡＸの場合も「お知らせ」と記して、「危篤」であるということを目立つように書き、上記の5点を明記します。

また電報はＮＴＴに用意されている、「電報サービスセンター」で緊急定文を使えばわかりやすく、手早く打つことができます。

◆危篤を知らせる言葉

おばさん、○○ですが夜分遅くに申しわけございません。父が危篤になりました。今、○○病院から電話をしていますがおじさんにひと目会っていただきたくて、連絡いたしました。病室は5階○○号室です。

朝早くの電話で失礼いたします。私は○○の家内でございますが、主人が重体となりましたので、ご連絡申し上げました。お見舞いいただいた○○病院、○○病棟、○○号室でございます。

こんな時刻に申しわけございません。私は○○の夫でございますが、自宅にて○○が危篤になりましたのでご連絡申し上げます。

突然のお知らせで失礼いたします。佐々木○○の母でございます。息子○○が危篤となりましたので、ひと目お会いいただければとご連絡差し上げました。入院先は○○病院、○○号室、電話番号○○です。ご迷惑でなければ至急おいで（ご連絡）ください。

ポイント

●早朝、深夜であることの失礼をお詫びします。
●だれが危篤であるのか危篤者の氏名を告げます。
●「どこに」来ていただくのか、病院名、病棟、病室、病院や自宅の場所、道順、電話番号などを、あわてずにはっきり伝えます。
●故人との関係を伝えます。
●家族としては、意識のあるうちに会わせたいとの思いはわかりますが、強制することは避けます。親しい人でも相手が妊娠中であったり、病人である場合は、ショックを与えないよう配慮することが必要です。

末期の水のとり方

末期の水

医師により臨終《りんじゅう》が告げられたとき、臨終の人に対して、家族が枕元に寄って順番にその唇に水を含ませることを「末期《まつご》の水」あるいは「死に水」をとるといいます。

これは仏教の教えからきた習わしで、冥途への旅立ちの際に、のどの渇きに苦しむことのないように、また、亡くなった人の魂を家族が呼びとめたいという願いがこめられています。

あわてずに、安らかな気持ちで故人の「末期の水」をとってあげましょう。

病院で臨終を迎えたとき、末期の水は病院が用意してくれますが、最近は自宅に戻ってから行うことが増えています。

末期の水のとり方

死に水をとるには、新しい筆の穂先か割り箸の先にガーゼか脱脂綿を白糸でくくりつけたものを用意して、湯飲み茶わんの水に浸し、臨終の人の唇を湿します。

「末期の水」を行う順番は、一般的に故人と血縁の深い人が先に行うことになっています。夫が亡くなった場合、最初に妻が行い、その次に子ども、夫の両親、夫の兄弟姉妹、知人・友人といった順番になります。

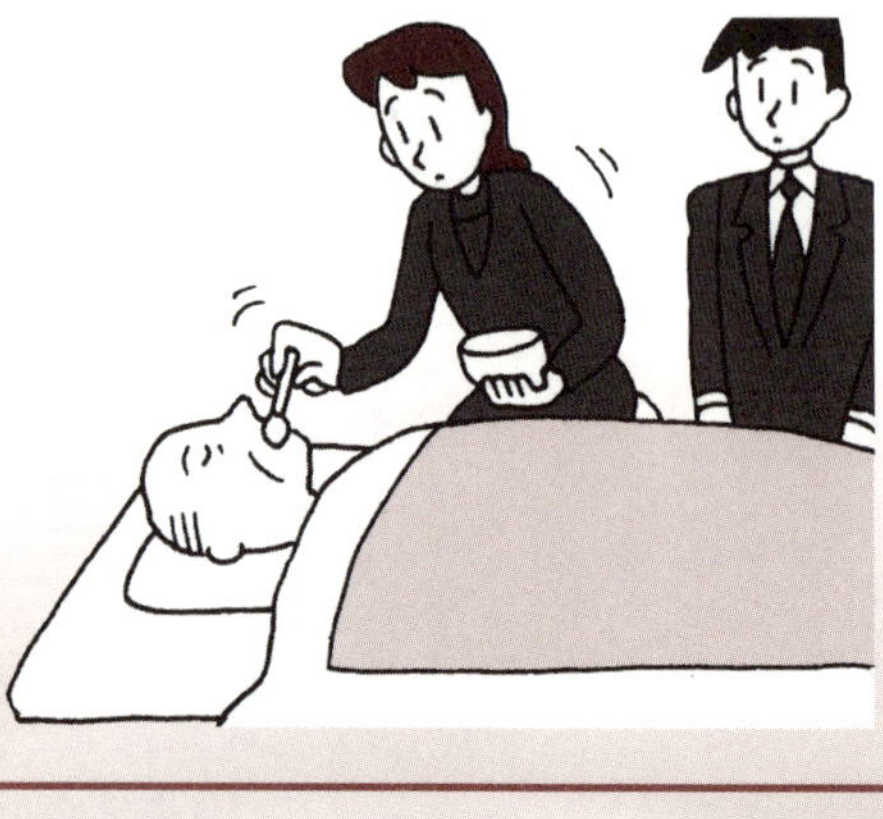

湯灌と遺体の処置

「末期の水」を行ったあと、次に故人の身体をきれいにする湯灌《ゆかん》を行います。これは遺体を清めるために行うもので、現在では、遺体をアルコールに浸したガーゼなどで全身を拭き清めるのが一般的です。

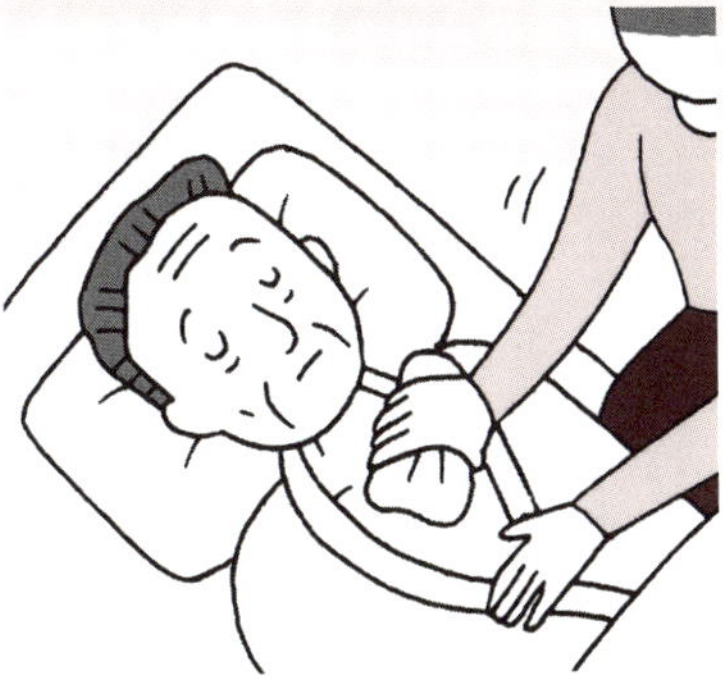

遺体の耳や鼻、肛門などに脱脂綿を詰め、老廃物が流れないようにします。病院では看護師がやってくれますが、遺族の手で行いたい場合は前もって看護師に話しておきます。

自宅に戻ったあと、葬儀社が行ってくれる場合もあります。

死化粧

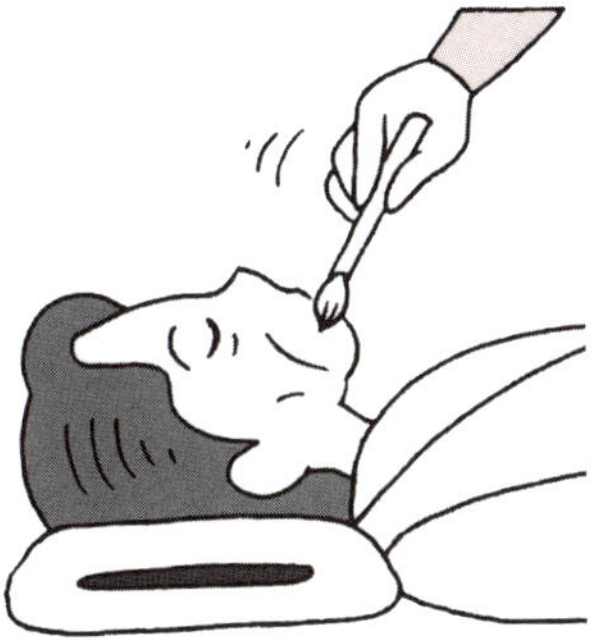

故人の身体をきれいにして、着衣を新しいものか、洗濯したての浴衣あるいは、故人が好きだった衣服などに着替えさせます。

男性はひげを剃《そ》り、女性の場合は口紅をぬるなど薄化粧をします。髪を整え、つめも伸びていたら切ります。死化粧《しにげしょう》の際、まぶたや口がきちんと閉じるようにして、ほおがこけているときは脱脂綿を口に含ませます。

遺髪《いはつ》などを残したいときはこのときに取るようにしましょう。病院で亡くなった場合、病院が処置してくれます。

遺体を搬送する時は、医師や看護師などの病院関係者も立ち会う事が多いのであいさつをして病院を後にします。

葬儀社への連絡のしかた

葬儀社が決まっていたらすぐ連絡

すでに依頼する葬儀社が決まっていたら一刻も早く連絡し、遺体の搬送の準備をしなくてはいけません。

連絡をすると葬儀社が、通夜が行われる自宅または斎場へ遺体を搬送します。搬送車には遺族が同乗し、自宅の場合は行き先を案内します。

ふつう葬儀社は24時間受けつけていますから、連絡は深夜でもかまいません。

葬儀社が決まっていない場合

病院の契約葬儀社が霊安室《れいあんしつ》での遺体管理や仮祭壇《かりさいだん》の設営、遺体の病院から自宅・斎場への搬送などを行います。また、葬儀は近所の業者や会社の協約店、冠婚葬祭互助会、あるいは知り合いの業者に依頼することも多いようです。

その場合は「指定の葬儀社がありますので搬送だけお願いします」ということを、はっきり伝えておくことが大切です。あいまいに依頼すると、葬儀社間のトラブルの原因にもなりかねません。

役所に紹介してもらう

葬祭業者には、「専門業者」「互助会」「生協」「農協」などがあります。自治体によって葬儀サービスを行っているところもあるので、どこに依頼してよいかわからない場合は、役所で聞く方法もあります。また、地域の葬儀業組合に紹介してもらう方法もあります。

なお、自治体が行っている葬儀サービスは、標準的な葬儀を、比較的安い料金で行うことができます。市民課（自治体によって違う）などを訪ねるといいでしょう。

葬儀社選びのポイント

葬儀社を選ぶときは時間がないものです。次のような点を配慮して選びましょう。

①料金（パンフレット）が明朗

②見積書の提出に積極的

③料金設定の仕組みを説明してくれる（別料金として、何を支払うかの相談にのってくれる）

④地元での信用があり、地域の情報に詳しい

⑤高額な商品を強く勧めようとしない

⑥業者の協同組合に加盟しているなどをめやすにします。また、身内の情報や、近所でお葬式を経験した人の情報は大きな参考となります。

葬儀社に頼めること

臨終《りんじゅう》から法要まで、遺族が決めなくてはいけないこと以外は、ほとんど葬儀社が行ってくれます。その内容は表の通りですが、このほかでも、葬儀のことで依頼したいことがあれば相談できます。

各葬儀社では独自の「セット料金」の設定があります。貸し出される葬儀用具やサービスの内容によって変わりますので、予算と内容を比較検討して決定するようにします。打ち合わせが済んだら詳しい見積書を出してもらいましょう。

葬儀社に依頼できる内容

①病院から自宅・斎場へ遺体の搬送（通夜前に思い出の場所を見せてあげたい、葬儀が生まれ故郷で行われる、出張・旅行先で亡くなった場合などで搬送をお願いすることもあります）
②棺・死装束関連付属品の手配
③寺院・神社・教会などの紹介
④枕飾りの設置
⑤供物、供花、花環の手配
⑥遺影の引き延ばし、喪服の貸し出し
⑦霊柩車・火葬場などの手続き・同行
⑧死亡届などの提出代行
⑨通夜・葬儀の企画、運営、管理、演出、料理の手配
⑩祭壇および葬祭用具の設置
⑪香典返しの品物の手配
⑫会葬礼状、死亡通知所の作成
⑬式場への案内
⑭ハイヤー等車両の手配
⑮通夜・葬儀の司会など

葬儀社への連絡の言葉

葬儀社に伝える内容

まだ心の動揺は静まらないままですが、故人を静かに見送ったら、速やかに葬儀社に連絡します。その際、葬儀社からは次のような事柄を尋ねられますので、答えられるようにしておきましょう。

①**故人の名前・年齢・性別**
②**死亡した病院名もしくは安置場所名・所在地**
③**遺体の移送先**（斎場・自宅・寺院や教会・集会所や公民館）
④**移送先の電話番号**（携帯電話を含む）**・住所**
⑤**連絡者氏名**（電話をかけている人）
⑥**続柄**（故人との関係）
⑦**出向き先の時刻**（来てもらいたい希望の時間を伝える）
⑧**依頼内容**（専用寝台車での搬送のみを頼むのか、葬儀まで頼むのかを伝える）
⑨**死因・遺体の状況**（解剖を行うのか、行う場合は棺が必要になってきます）

葬儀社に伝えるときのポイント

間違えないように事前に確認し、要点をメモしてから連絡すると、あわてずにすみます。用意ができたら、なるべく早く連絡しましょう。

逆に葬儀社からは、何時ごろ来てもらえるか、病院や自宅までの搬送車の到着時間を確認しておきます。

◆葬儀社への連絡

私は○○と申します。夫○○74歳が渋谷区○○病院で亡くなりました。小金井市○○町の自宅まで故人の搬送をお願いします。病院の電話番号、住所は○○、○○病棟、○○号室です。

私は○○と申します。父○○56歳が板橋区○○病院にて亡くなりましたので、板橋区の○○斎場まで搬送をお願いします。病院の電話番号、住所は○○です。搬送車の到着時間はどれくらいになるでしょうか。

私は○○と申します。妻○○が埼玉県狭山市の○○病院で亡くなりましたので、市内○○町の自宅まで搬送をお願いします。○時ころに来ていただきたいのですが……。

やすらぎ葬儀社さんですか。こちらは栄町の○○と申します。おとなりの北沢さんの紹介で連絡しています。父の○○が自宅で亡くなりました。すぐに来ていただきたいのです。こちらの住所と電話番号は……。

ポイント

- 連絡した人の氏名・故人の氏名・年齢・故人との続柄を伝えます。
- 「どこに出向くのか」「どこに移送してもらうのか」を伝え、搬送をお願いします。
  病院名、自宅などの場所、電話番号などを伝えますが、確認したことをメモして、見ながら伝えましょう。
- 病院から直接、通夜式場などの式場に搬送してもらう場合には、式場の連絡先を前もって確認しておきます。また、搬送車の到着時間を確認します。
- 葬儀社に来てもらいたい希望の時間を伝えます。

お寺への連絡のしかた

菩提寺がある場合

臨終《りんじゅう》を告げられたら、葬儀社に連絡をする一方、菩提寺《ぼだいじ》または檀《だん》家寺《かでら》（先祖代々帰依《きえ》しているお寺）があればそこに連絡します。先祖のお墓が菩提寺ではなく霊園にあるような場合にも、戒名《かいみょう》をつけてもらう菩提寺は必要です。

菩提寺に不幸があったことを伝え、枕経《まくらぎょう》をお願いします。

枕飾《まくらかざ》りを準備して、僧侶に故人の枕辺でお経を上げてもらいます。遠方の場合は葬儀式場まで来ていただけるか尋ね、車や宿泊が必要なら手配等も忘れず行います。当日は着替えのための控え室も準備します。

お寺への連絡は電話でも失礼にはなりませんが、できる限り喪主と世話役代表が直接伺うほうがていねいです。

菩提寺がない場合

菩提寺があれば問題ありませんが、お寺とまったくおつき合いがなかった場合には、自分の家の宗派、それと同じ宗派のお寺が近くにあるかどうか、間違いのないように調べなければいけません。なるべく実家、もしくは夫の父方の親戚などに連絡を取り確認します。

信仰している宗教がわからないときや同宗派のお寺が近くにない場合は、依頼した葬儀社に紹介してもらう方法があります。ほとんどの葬儀社は、どの宗教・宗派でも紹介できるつながりを持っています。

ただし、地方にある先祖のお墓に埋骨《まいこつ》する予定がある場合や、すでに仏さまがある場合には、菩提寺にまず連絡をしないとトラブルのもととなることもありますので注意しましょう。

お寺との打ち合わせ

お寺と通夜・葬儀の日程や、戒名の依頼などについて打ち合わせをします。故人がどんな人物であったかなどを僧侶にお話しし、葬儀いっさいの進行をお願いします。このとき遺族が悩むことの多いのがお布施《ふせ》（謝礼）の額です。

お布施とは本来は仏への志、寺院への寄進ですが、最近は読経料＋戒名料のようにとらえられるようになり、それが一般的な認識になっています。

お布施の額は寺の格式、戒名の種類（居士《こじ》や信士《しんし》の違いなど）、お寺とのつき合いの程度によって違ってきます。

このほか故人の社会的地位などで決められるものですが、最近のお寺は金額を尋ねれば「居士は〇〇万円、信士は〇〇万円」と答えてくれるのが一般的になっています。

ただ「志で結構です」と言われた場合には、習わしを知っている方に教えていただくか、葬儀社で標準的な金額のめやすを教えてもらいます。

仏式以外の連絡のしかた

神道の場合は氏神の神職へ連絡して斎主（神官）を依頼します。その際、神社では葬儀を行わないので、葬儀の場所の希望も伝えます。

キリスト教徒では所属する教会へ連絡をとりますが、まだ病人に意識があるうちに牧師（神父）を呼びます。臨終に立ち合い、祈りを捧げてもらうために早めに連絡しましょう。キリスト教徒では、信者やその家族が牧師（神父）の指導に従って、葬儀のみを行うのがふつうです。

お寺への連絡の言葉

菩提寺への連絡

危篤《きとく》の人が亡くなると故人の菩《ぼ》提《だい》寺《じ》（日ごろからつき合いのあるお寺）へ不幸があったことを連絡します。

連絡するときは時候のあいさつなどは省き、まず死亡の報告をして、枕経（亡くなって最初に読むお経）をお願いしたい旨を伝え、僧侶の都合を伺います。丁重にお願いすることが大事です。

深夜に亡くなったら、翌朝に連絡をとったほうがよいでしょう。

お寺にお願いするときのポイント

実質的に葬儀の進行を担当するのは葬儀社ですが、本来は故人を仏の世界に導く僧侶（導師）の役目です。ですから、実際には火葬場や葬祭場の空き具合で日程が決まることが多いのですが、まず、「お寺の都合をお聞きしてから」という姿勢を示すことが大切です。

まず喪主や遺族がお寺にあいさつを入れ、故人の氏名など大事なことをお話ししたあと、葬儀社が事務的なことを伝えるケースが一般的です。お寺に次のことを伝えたり、確認しておきます。

①故人の氏名
②故人の生年月日と享年
③喪主の名前、続柄
④通夜・葬儀の日時
⑤納棺・火葬の日時
⑥斎場・式場の名称、住所、電話番号、地図
⑦僧侶の人数
⑧交通手段（送り迎えの不必要）
⑨戒名（法名・法号）**に関しての相談**
⑩初七日法要の時間

などがあります。

◆菩提寺への連絡

お世話になっております。○○町の○○の家内でございます。主人の○○がつい先ほど亡くなりました。ただいま、入院先より自宅へ連れもどりました。ご住職さまに枕経をお願いしたいと思いますが、ご都合はいかがでしょうか。

お世話になっております。私は○○の娘でございます。母が、今朝○時○分に自宅にて亡くなりました。ご住職さまに枕経をお願い申し上げたいのですが、ご都合はいかがでしょうか。

◆菩提寺以外で葬儀を依頼する場合

私は○○寺の檀家で○○と申します。実は、○○寺のご住職さまからご紹介いただきまして、こちらのお寺にご連絡させていただきました。夫○○の葬儀をお願い申し上げたいのですが、ご都合いかがでしょうか。

ポイント

●時候のあいさつは省きます。
●自分の氏名と、不幸があったことを伝え、故人の氏名と続柄を告げます。
●枕経をお願いしたい旨を伝え、僧侶のご都合をお聞きします。
●どこのお寺の檀家の者であるのかを言い、お寺の住職から紹介してもらったことを伝えます。
●遠隔地のため菩提寺に来てもらえないときや、僧侶の都合がつかない場合には、菩提寺の了承と指導のもとに、知り合いの同じ宗派のお寺を紹介してもらいます。

死亡を知らせる

死亡連絡の範囲

医師による死亡確認後、医師から死亡診断書を受け取ります。遺族は悲しみのさなかですが、死亡通知は残された者が行う重大な役目です。臨終《りんじゅう》に立ち会えなかった人にただちに電話（携帯電話）で連絡しますが、ＦＡＸで知らせる方法もあります。

最近、利用者が急増しているＥメールは、まだこの種の連絡にはなじまないようです。

近親者、友人・知人、勤務先（直属の上司が原則）・関係団体・学校（担任教師）・町内会や近隣などがありますが、近親者以外には通夜や葬儀などの日時が決まってから知らせます。

連絡もれがないよう、住所録や故人宛の手紙、年賀状などを見てリストを作るといいでしょう。

連絡の方法

危篤《きとく》のときと同様、電話で行い、簡潔に要点を伝えます。間違いのないよう、メモを見ながらするといいでしょう。

連絡は家族が手分けして行いますが、亡くなった直後なので、悲しみのあまり気が動転して冷静に対応できない場合は、親戚や家族の友人などが代行します。

社会的知名度が高かったり要職にあった場合には、新聞に広告を出します。（広告代理店か葬儀社でも手配してくれます）

連絡を依頼する

故人の主な関係者に通知して、勤務先など、それから先の必要と思われる人への連絡は任せます。

ただし故人の直接の上司や担任の先生には、家族が直接連絡するのが礼儀です。

町内会や近隣への連絡も、町内会の役員や親しくしているお宅に事情を話してお願いします。特に、自宅で葬儀を行う場合は必ず通知します。

電報での連絡

相手が不在で電話がつながらない場合は、電報を打つ方法があります。危篤のときと同様、ＮＴＴには死亡通知についての緊急定文電報が用意されていますので、これを使えば便利です。死亡した人の氏名・死亡日時・通夜と告別式の日時、発信人の氏名を必ず入れます。（電報のホームページ http://www.ntt-east.co.jp/dmail/）も参考になります。

はがきでの連絡

社葬などのように葬儀までに日数のある場合には、印刷した正式な「死亡通知状」を出して知らせます。葬儀社に頼めばすぐに印刷してもらえます。

死亡通知状

父○○儀、かねて療養中のところ○月○日午前四時三十分、肺炎のため永眠いたしました。

ここに生前のご厚情に感謝するとともに、葬儀並びに告別式のご通知を申し上げます。

日　時　○月○日
葬　儀　午後一時～二時
告別式　午後二時～三時
場　所　○○寺　○市○町

○○○○○○○

平成十八年四月○○日

喪主　○○○○
世話役代表　○○○○

知人へのお知らせの言葉

知人へ知らせる

近親者・親族以外の人に知らせますが、電話では時候のあいさつなどは省略してかまいません。間違いのないよう、落ち着いて正確に要点を伝えます。

あらかじめ相談して決めておいたことを、メモを見ながら伝えるとあわてずにすみます。

亡くなった悲しみで動揺して、不明瞭に伝えては相手の方も混乱します。そのようなときには親類や友人などにも協力してもらい、手分けして電話をかけます。

緊急のことなので早朝や深夜、あるいは日中の多忙な時間であることについて、お詫びの言葉を添えるようにしましょう。

知らせる内容

知らせる内容は、故人と深い関係でない相手なら、通夜・葬儀の案内が主なものになります。

①氏名・享年
②死亡日時と死因
③通夜・葬儀・告別式の日程
④喪主《もしゅ》名
⑤宗派による葬儀の方法
⑥供物《くもつ》や供花《くげ》の辞退

知らせるポイント

勤務先の上司のお宅に連絡するときには、必ず部署名・肩書きを伝えます。故人の同僚の場合には、職場の方々への連絡をお願いしたい旨を伝えます。

町内会や自治会の会長に連絡すれば、地域の方たちへも連絡をしてくれますが、みなさまによろしくお伝えくださいなど言い添えます。

◆故人の身内が友人に知らせる

朝早くに申しわけございません。私は○○の家内でございます。主人の○○が容体急変いたしまして、先ほど入院先で亡くなりました。とり急ぎお知らせいたします。

たびたびお見舞いいただきました○○の妹でございます。突然ですが、姉が本日午後6時20分に入院先の病院で亡くなりました。通夜は明日5日午後7時から、告別式は明後日6日午前11時から○○斎場で行います。まことに恐縮ですがみなさまにもご連絡ください。

◆故人の友人がほかの友人に知らせる

突然のお知らせで失礼いたします。私○○の友人で○○と申します。本日午後5時、○○がご自宅にて亡くなりましたのでお知らせいたします。通夜は明日2日午後7時より、告別式は3日午前10時30分より執り行います。親しい方へのご連絡をお願いします。

ポイント

- 早朝、夜分遅くであることを詫び、故人との続柄を明らかにします。
- 故人の親しい友人で、駆けつけてもらいたい人に「とり急ぎ」「とりあえず」お知らせします。
- お見舞いなどのお礼を述べ、通夜・告別式の日程などが決まっていたら伝えます。「明日○日」「明後日○日」と伝えると明確です。
- 故人が親しかった方への連絡をお願いします。
- 親せきや友人なども協力して電話をかける場合、はじめに故人との関係を言います。

◆学校の担任に知らせる

5年1組の○○の父でございます。昨晩、息子○○は交通事故に遭《あ》い本日午前4時50分に亡くなりました。通夜は明日3日午後6時から、告別式は明後日4日午前11時から○○斎場で神式で執り行います。

◆町内会長に知らせる

私は○○町の○○でございますが、母が本日入院先で亡くなりました。通夜は13日、告別式は14日午後2時から市民ホールで行います。なにかとご迷惑をおかけしますが、よろしくお願いいたします。

◆故人の親せきが友人に知らせる

私○○の親せきの者でございます。本日いとこの○○が亡くなりましたのでお知らせいたします。通夜は明日21日、告別式は22日午後2時から○○式場にて行います。恐れ入りますが○○と親しい方がいらっしゃいましたら、ご連絡をお願いいたします。

ポイント

●学校に連絡するときは、直接担任に知らせますが、不在のときは学年・クラスを伝え、担任にことづけます。事故など急な死の場合では死因を簡単に説明します。

●葬儀の形式が仏式か神式かなどを伝えると、弔問時にまよわずにすみます。

●町内会や団地などの場合は、自治会の会長に連絡すれば死亡通知を掲示して、地域への連絡をしてくれますから早めに連絡しておきます。

●親せきが電話をかける場合、はじめに故人との関係を述べ、故人が親しかった方への連絡をお願いします。

◆故人の勤務先の上司に知らせる

私は総務課○○の妻でございます。夫が本日3時20分に亡くなりました。通夜は5日午後7時から、告別式は6日午前11時から○○ホールにて行います。突然のことでご迷惑をおかけしますが、課のみなさまにもよろしくお伝えくださいますようお願いいたします。

夜分恐れ入ります。私はIT事業室○○の息子、○○でございますが、父○○が本日午後9時15分に入院先の病院で亡くなりました。通夜は明日11日午後6時から、告別式は12日午後1時から○○斎場にて執り行います。療養中は大変お世話になりました。

私はシステム部○○の母○○でございます。娘が本日3時20分に亡くなりました。通夜は8日午後7時から、告別式は9日午前11時から○○斎場にて執り行います。部長の○○さまにお伝えいただきたくお願い申しあげます。

ポイント

●勤務先に連絡するときは、まず故人の所属部署、故人との関係を明確にし、「総務課○○の妻」などのように伝えます。

●勤務先などへは、葬儀の日程が決まってから連絡します。

●職場への迷惑がかかる旨を詫びることばを添えます。

●入院中のお見舞いや厚誼へのお礼を述べ、ほかの部署への連絡もお願いします。

●故人の直属の上司に伝えますが、不在のときは、「○○課の○○さまにお伝えください」などの伝言を頼みます。窓口になる担当者に連絡し、その後はお任せします。

遺体を安置する

死装束をつける

湯灌《ゆかん》や死化粧をして遺体を清めたら死装束《しにしょうぞく》を身につけます。納棺《のうかん》までの間温度を下げ、直射日光の当たらない仏間か座敷に安置します。

この装束は、本来巡礼の装束で、死後は西方浄土《さいほうじょうど》に向けて巡礼に出発するという発想があります。

故人に白いさらしの経帷子《きょうかたびら》を左前に着せ、手足には手甲や脚半《きゃはん》をつけ、足袋とわらじを履かせます。頭に白の三角布をつけるほか、首から六文銭の入った頭陀袋《ずだぶくろ》をかけます。

遺族の手で行うことが大切ですが、現在では着替えをせず、上から紙製の経帷子をかけたり、故人が愛用した浴衣や着物をかけることもあります。着物をかける際は、裾が顔のほうに来るようにします。

遺体を「北枕」に寝かせる

遺体を寝かせる布団やシーツは清潔なものを使い、かけ布団は上下逆にかけます。

仏式では遺体を「北枕《きたまくら》」に寝かせます。故人の頭が真北に向くように仰向けに安置します。（ただし、神式では北枕か東枕にします）

頭の下には低い枕を敷いて、顔に白い布をかけ、両手を胸の上で組ませて数珠《じゅず》を持たせます。

間取りの関係で北向きに寝かせ

られないときは、頭を西向きに安置してもかまいません。仏壇のある部屋なら仏壇に頭を向けるのも一つの方法でしょう。

寝かせる寝具

遺体を寝かせる布団やシーツは清潔なもので、遺体が温まって傷まないように、薄くて軽いものにします。かけ布団は、すそが遺体の顔のほうに来るように、上下を逆さにしてかけます。

布団の上には魔除けの意味で、守り刀の刃先を足のほうに向けて置きます。

枕飾りをする

遺体を安置したら、仏式では遺体の頭上に祭具を飾る「枕飾り《まくらかざ》」を設けます。

一般的には白い布をかけた小机か白木台の上に、「三具足《みつぐそく》」といわれる線香立てか香炉《こうろ》、燭台《しょくだい》、花立て（樒《しきみ》、菊、白百合、水仙などをさして）を置きます。このほか、水の入ったコップ、枕だんご、枕《まくら》飯《めし》などを供えます。

用意ができるまでは、自宅の仏壇の品を利用します。枕飾りが用意できない場合は、葬儀社に一式依頼をすることができますが、枕だんごと枕飯は自宅で用意します。そして線香とロウソクの火を絶やさないように、遺族の人がつき添って気をつけます。

納棺

僧侶の枕経《まくらぎょう》が終わったら、遺族と親戚一同が死装束をつけた遺体を棺に納めますが、男性3、4人で抱くようにそっと行います。

手は合掌《がっしょう》させ、棺の中には、生前に故人が愛用していた身の回りの品で、燃えるもののみ納めます。

死亡時の手続きをする

死亡届の提出

自宅や病院での死亡は、ほとんどの場合、死因がはっきりしているので、病気による自然死として主治医が死亡の確認をし、すぐに死亡診断書を出してくれます。

主治医に連絡がとれないときは、内科医はもちろん、近所の眼科や耳鼻科の医師でも確認してもらえます。いずれにしても、医師による死亡確認が必要です。

事故や火傷などによる死や自殺の場合は、警察医による死体検案が必要となるので、まず警察に通報することが第一です。他殺の疑いがないか司法解剖が行われ、不審な点がなければ死体検案書《したいけんあんしょ》が発行され、遺族はそれを受け取ります。

死亡届の提出のしかた

死亡届は、所定の用紙に、死亡年月日、時間、死亡場所、性別、職業、配偶者の有無、生存配偶者の生年月日などを記入し、医師の署名のある死亡診断書とともに提出します。

死亡届は、死亡した日から7日以内（海外で死亡した場合は3カ月以内）に死亡した土地の市区町村役場の戸籍係に届け出ます。（年中無休・24時間受付）

遠くの病院や旅先などで亡くなったときは、病院の所在地や旅先の市区町村役場へ提出します。

死亡した土地が本籍地でないときは、死亡届を2通提出すること

になっており、1通は本籍地の役場に送付されて、戸籍から抹消されます。(役所が適当と認めたときは、1通で足りることもあります)

旅行先でなくなった場合

旅行中や出張中に突然亡くなってしまうという予期せぬことも起こります。家族はできるだけ早く現地に向かいますが、こうした場合、国内の遠隔地であれば現地で火葬するか、遺体をそのまま自宅へ搬送してから火葬するか、2つの方法があります。

現地で火葬する場合は、医師の死亡診断書を添えて現地の地区市町村役場へ「死亡届」と「死体火葬許可証申請書」を提出して「火葬許可証」をもらい、近くの火葬場に火葬を依頼します。

遺体のまま自宅へ搬送する場合は、納棺して航空輸送にするか、霊柩車《れいきゅうしゃ》または寝台車で搬送します。これは現地の葬儀社に頼めば、ドライアイスを詰めて輸送してくれます。

海外から遺体を運ぶ場合は荷物としての扱いとなり、棺の中に遺品を入れることはできません。遺体には防腐処理を施しますが、搬送にあたり現地の医者が出す死亡証明書（日本大使館、または日本領事館の署名が必要）、現地の日本大使館、または日本領事館が発行する埋葬許可証、現地の葬儀社が発行する防腐処理証明書が必要です。

死亡届を行う人

死亡届を出せる人は、**①同居の親族　②親族以外の同居者　③家主、地主または土地家屋の管理者**となっています。

死亡届の提出と死体埋葬・火葬許可証の交付を、余裕がない遺族に代わって、葬儀社か親族などに代行してもらいましょう。その際、届出人の印鑑が必要です。

この許可証は埋葬や火葬の時に必要なもので、紛失すると火葬場で受け付けてもらえませんので、注意しましょう。火葬が終わった時点で、「埋葬許《まいそうきょ》可証《かしょう》」が交付され、納骨時に寺院、墓地の管理事務所に提出します。

戒名の決まりといただきかた

戒名の決まり

戒名《かいみょう》といわれる仏名は、本来は戒律を守り仏の弟子になったしるしとして生前に贈られる名前で、法名、法号ともいいます。

戒名や法名は本来二文字で表され、どんなに身分の高い人でも二文字で、仏の世界は平等であることが表現されています。

戒名は故人の枕経《まくらぎょう》をあげた後、または通夜の前に僧侶にお願いします。

宗派によってつける文字や構成が違いますが、最近ではどの宗派も「居士」「信士」をつけるなど、遺族の希望に沿ったつけ方をする傾向にあります。戒名の構成は次のようになりますが、「院殿号」「院号」は寺院への貢献によって特別にいただける号です。

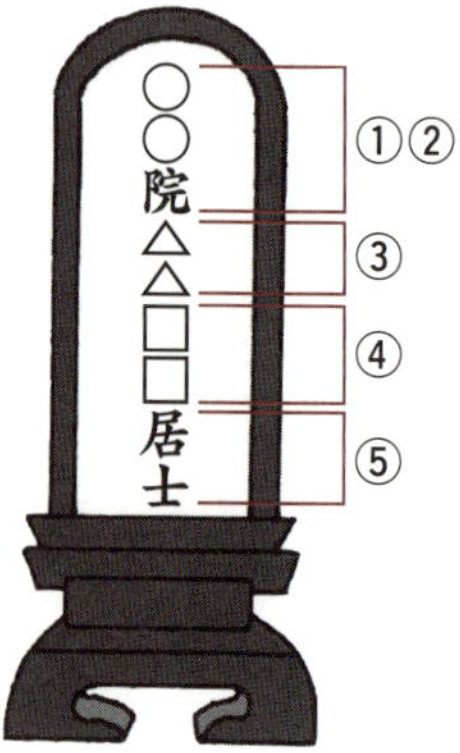

①院殿号
②院号
③道号
④法号
⑤位号

①院殿号《いんでんごう》

最上位の尊称。現代では信仰が深く寺に貢献した人や、社会に尽くした人に授けられる。

②院号《いんごう》

院殿号に次ぐ位。寺院や社会に貢献した人が対象となる。

③道号《どうごう》

仏の道を究め、悟りを得た者が称する号。戒名の上につく。

④法号《ほうごう》

本来の仏名（戒名）。

⑤位号《いごう》

仏教に帰依《きえ》し、信心深い人の尊称。戒名の下につく一般的で最も多い名称。男性は「居士《こじ》・信士《しんし》」、女性は「大姉《だいし》・信女《しんにょ》」などで、性別・年齢などによって違いがある。子どもは享年と性別によって、「童子《どうし》・童女《どうにょ》」、赤ちゃんは「孩《がい》子《し》・孩女《がいにょ》」などが使われる。

戒名に使われる文字はたいてい仏教や経文のなかから引用されますが、俗名の一文字を入れる、また宗派によって定められた文字を入れるなど決まりがあります。

戒名をいただくお寺

戒名は個人の遺骨を納骨埋葬する菩提寺の僧侶につけてもらいます。別のお寺でつけてもらうと、いざ納骨埋葬となったときに菩提寺から断られることもあります。間違って菩提寺以外で戒名をつけ菩提寺で納骨埋葬を行う場合には、戒名の改名をしてもらわなければならないことになり、結果的に戒名料は高くついてしまうことにもなりかねません。

菩提寺がなく宗派にこだわらない

菩提寺が遠方で僧侶が来られない、菩提寺がわからない、経済的な事情のある場合などは、俗名のまま葬儀をすませます。また、故人が仏名を希望していなかった場合も、俗名で葬儀を営むことができます。

戒名料も含めてお布施で

戒名も含めて僧侶に差し上げる謝礼は、あくまでも寺院の寄進するお布施であって決まった定価はありませんが、僧侶の数や読経の時間と日数、お寺の格式、戒名の種類によってもある程度のめやすは決まってきます。また、地域によっても相場があり、地方に比べて都会のほうがやや高めという傾向があるようです。

お布施の額は各寺により異なりますので、世話役や年長者などを通じてお寺に問い合わせるか、葬儀社の人を交えた打ち合わせの場で決めておいてもいいでしょう。

お礼は戒名料ではなく「お布施」として包んで、「どうぞ納めください」などの言葉を添えて、葬儀の翌日にお渡しするのが一般的です。

葬儀の形式の決め方

故人の遺志の形式で

葬儀形式は、故人が生前希望していた形式で行うことが第一です。信仰した宗教が喪家《そうけ》の宗教と異なっている場合、故人の遺志や希望を尊重した信仰にもとづいて行うのがふさわしいでしょう。

日本では約9割が仏式で行われますが、葬儀の形式には仏式・神式・キリスト教式などがあり、葬祭業者と相談の上で決めます。

故人が無宗教の場合は、「故人にふさわしい葬儀」をポイントに考えますが、習慣的に仏式にすることが多いようです。

宗派は生家のものに従うのがふつうですが、故人が既婚女性の場合には婚家の宗派に従って行うことになります。

同じ仏式でも宗派により葬儀の内容は異なり、地域の慣習によっても違いはありますので、事前にお寺や地元の葬儀社に相談しておくと安心です。

葬儀の規模を決める

葬儀の規模やスタイルは「**①故人の遺志**」、「**②つき合いの範囲**」、「**③予算**」、「**④遺族の交際範囲**」、「**⑤会葬者の人数**」などを考え合わせて、葬祭業者と相談のうえで決めます。社会的な地位によっては、社葬や団体葬の場合もあります。

また、故人の宗教に即した祭壇を設置しますが、故人の人柄やイメージも大切にして、デザインや大きさを決めます。

通夜から葬儀までの予算は最初に葬儀社に伝え、その範囲内で相談しながら具体的に決めていきます。

たいていの葬儀社ではセット料金というものを設定しています。一定の葬祭用具や施行品目をセットにした料金で、セットにする葬祭用具や施行品目のランク、数量によって料金が異なります。

そのほかのスタイル

　このほか、葬儀は執り行わず火葬のみ行い荼毘《だび》に付《ふ》す「火葬式」、ごく親しい人だけでお別れをする「家族葬」「密葬」、宗教的要素を除き僧侶・神官などの宗教者を招かず、自由に見送る「お別れ会」「友人葬」「音楽葬」など無宗教葬を行う人も年々増え、いろいろな演出ができるホテルで行われているところもあります。

　厳かな雰囲気、華やかな雰囲気など、故人の趣味や人柄、生き方のスタイルに合わせた演出も取り入れ、心に残る葬儀を構成することもできます。

　まだ一般的ではありませんが、自然葬には、海への散骨をする海洋葬や、山河や緑地・樹木などへの散骨《さんこつ》をする山河葬・緑地葬などがあり、これらは施行の経験を多く持ち、専門に行っている葬送業者に依頼します。

その他の形式には同意も

　無宗教で葬儀をした場合、菩提《ぼだい》寺《じ》のある人は墓地へ納骨できない事があります。菩提寺には先祖とのつき合いもあるので、同意は得ておいた方がよいでしょう。

　自然葬のスタイルで葬儀を行いたい場合は、見送る遺族の同意も大切なことです。生前に、自分の意思であることを家族とよく話し合って決めておくことが必要です。

葬儀の式場を決める

葬儀の場所を選ぶポイント

葬儀式場を選ぶには故人の遺志や喪家《そうけ》の事情、会葬者の人数などを考慮して選びます。「お葬式の場所」とひと口にいってもいろいろな種類があり、それぞれ良い点、悪い点があります。通夜は自宅で身内だけで行い、葬儀と告別式は斎場で営むということもできます。

葬儀の場所の種類

①自宅の場合

近所づき合いが減っている大都市では、住宅事情もあって、以前と比べ自宅で葬儀を行う人は少なくなりました。

自宅で葬儀を行う場合は、祭壇を飾り、僧侶《そうりょ》や遺族、参列者が座るスペース、着替えや休憩をしたり会食をする部屋が必要になります。

自宅がマンションなど集合住宅の場合は、集会所を利用できるところもありますが、エレベーターに棺《ひつぎ》が入るかどうかの問題もありますので、問い合わせておきましょう。

また、屋内外の準備、会食の支度や後かたづけ、ご近所への気遣い、駅の改札口・順路の要所に立つ道案内係りなど、ほかにもいろいろな人手がかかります。

②葬儀式場の場合

葬儀式場は経営の母体によって違っています。

専門式場は、自治体が管理運営している公営のものと、葬儀社や互助会が経営、あるいは寺院が管理している民営のものに大別されます。

③葬儀社が経営する式場（斎場）

費用はかかりますが、葬儀の進行がスムーズ、設備やサービスの点で利点があります。交通の便がいい所に多く、宿泊設備なども整っています。

④火葬場に併設された式場

葬儀のあと、火葬場へ車両の往復移動の負担が少なく、火葬までの進行がすみやかに行えます。

⑤公営の式場

集会所として使われているスペースを、住民に開放しているところや、地域によっては公民館やコミュニティーセンターを葬儀に利用できるところもあります。

使用料の負担が少ないのは利点ですが、地域住民に限られたり、使用時間に制限があるなど、自治会や役場に規定を確認する必要があります。

⑥寺院

もし菩提寺が遠方にあったり小さい場合には、同じ宗派のお寺を紹介してもらうか、寺院付設の式場を利用します。社葬など大きな葬儀で使われますが、菩提寺でなくても葬儀を行ってくれます。寺院を借りた場合には、その費用を「御席料」として支払います。

⑦教会

キリスト教徒の葬儀は原則的に教会で行います。祭壇の飾りつけ・葬儀も神父や牧師の指導に従って進めます。

⑧神道の場合

死は穢《けが》れとされ、聖域である神社では弔事は行われないため、一般的には神社内での葬儀はできないところが多いので、自宅か斎場で行うのがふつうです。

葬儀の日程を決める

通夜・葬儀の日程の流れ

葬儀は慌しいものですから、時間的にゆとりのない日程を立ててしまうと、忙しいばかりで、心のこもった式はできません。できれば、多少なりとも余裕を持たせましょう。

故人の死後24時間をたたないと火葬ができないと定められていますので、早くても死亡当日か翌日に通夜、翌々日に葬儀・告別式になります。その後、火葬場で荼毘《だび》に付《ふ》し、遺骨が帰って「還骨回向《かんこつえこう》」と「初七日忌の法要」を営み、「精進落とし」というのが一般的です。

一般的な通夜・葬儀の流れ

		A	B	C	D
1日目	午前	死亡	死亡		
	午後	通夜	仮通夜	死亡	死亡
2日目	午前				
	午後	葬儀・告別式 火葬 初七日法要 精進落とし	通夜	通夜	仮通夜
3日目	午前		葬儀・告別式	葬儀・告別式	
	午後		火葬 初七日法要 精進落とし	火葬 初七日法要 精進落とし	通夜
4日目	午前				葬儀・告別式
	午後				火葬 初七日法要 精進落とし

日程の立て方

通夜・葬儀の日程は喪家《そうけ》だけで

決めることはできません。まずは、火葬場の空き状況、僧侶《そうりょ》の都合を考慮します。

菩提寺《ぼだいじ》が遠方にある場合、火葬場まで来ていただく時間も考えます。僧侶の都合がつかなかった場合には、知り合いの同じ宗派のお寺を紹介してもらうことを考慮します。また、火葬場の予約状況などを確認したあと、葬儀社の人を交えて日程や段取りについて決めます。

火葬場は、とくに都市部では時間帯によっては混雑し、すぐには葬儀が行えない場合もあるので、早急に日時を確認して手配する必要があります。

このほかの日程の立て方のポイントは次のような点です。

①遠方にいる親戚や関係者の到着時間なども考慮する。

②一般的には、死亡したその日のうちに納棺《のうかん》し（死亡が夜なら翌日）、通夜は第2夜。

③葬儀が友引に当たる場合に、第2夜を近親者だけの通夜（仮通夜）に当て、第3夜を一般弔問客の通夜（本通夜）にすることもある。

④火葬場は友引の日、正月三が日は休みのところが多くなっているが、公営の火葬場では友引に関係なく営業され、日曜祝祭日が休みになっていることが多い。

⑤葬儀が年末年始にかかった場合や、日を置いて社葬を行う場合には、前もって自宅で、身内だけで読経、焼香《しょうこう》をすませて火葬にしたのち、日取りが定まってから本葬、告別式を行う例もある。

⑥死体検案《したいけんあん》に日数がかかる場合には、葬儀を1日か2日先に延ばすこともある。

葬儀の日程の立て方は、「火葬してから葬儀を行うのが習わし」といった地域もあるなどしきたりが違うので注意しましょう。

通夜・葬儀の時間

葬儀の時間は、火葬場や僧侶の都合に合わせて決められることになりますが、通夜は、午後6、7時ごろに始まり1時間くらいで終えるのが一般的です。葬儀・告別式は午前中の1時間、あるいは午後の1時間で出棺というケースが多いようです。

喪主・世話役を決める

喪主を決める

喪主は葬儀全般の主催者であり喪家《そうけ》の代表ですから、故人といちばん縁が深い人がなります。夫婦のどちらかが亡くなったら配偶者が、配偶者がすでに亡くなっていたら、子どもたちの中から長男が務めることが多いようです。

また、血縁者がいない場合など、葬儀社が喪主代行してくれるところも出てきました。

喪主はこの先、法要の施主を務めることが多いので、そのことを考慮に入れて決めます。

世話役を選ぶ

お手伝いの方（世話役）の人数は、葬儀の規模や式場によって違います。遺族に代わって諸事雑務を行ってもらう役で、申し出があったら、遠慮なくお願いしてかまいません。

通夜の準備から葬儀終了までをスムーズに行うためには、喪家の事情や地域の習慣を熟知している世話役代表を決めます。遺族に代わって葬儀社や寺院との打ち合わせに立ち会い、相談相手となる役目です。

世話役代表と世話役の決定

葬儀運営の代表となる世話役代表は次の人たちにお願いします。

①遺族の親戚
②遺族の友人
③故人の友人
④町内会の役員
⑤会社の同僚または代表

団体葬や社葬など大きな葬儀のときは、葬儀委員長が世話役代表を兼ねることもあります。

最近では世話役代表をあえて決めず、葬儀の仕切りを葬儀社に任せてしまう場合も増えています。

世話役の仕事

●世話役代表
葬儀の進行を把握し、各係の連携がスムーズにいくよう、葬儀全般の要となる。

●進行係
喪主、世話役代表と葬儀の進行を確認し、僧侶《そうりょ》と打ち合わせをする。弔電の整理、進行状況を司会者に伝えて指示する。

●会計係
香典の管理から現金の出納、清算まで、葬儀に要する諸経費の管理。現金を扱うので親類など信頼できる人物に任せることが多い。

●調達係
通夜の席で必要な弁当や飲食物の購入、その他一切の調達品の管理をする。

●受付係
弔問客の記帳、香典・供物などの受付、記帳簿の整理や会葬礼状・会葬返礼品などをわたす。

●式場係
式場づくりと後かたづけ、会葬者の着席案内など。

●接待係
僧侶や弔問客・会葬者などの接待ほか、式場での案内係も兼ねる。

●携帯品係
携帯品・コート類・下足などを預かり整理・整頓を行う。

●台所係
自宅での通夜ぶるまい料理や、葬儀終了までの遺族や世話役の食べ物を用意する。

●道案内係
式場までの道案内や、要所に順路標示などの配置。

●車両係
駐車場の確保や管理、警察への届け出、茶毘《だび》に向かう随伴車の手配など。

通夜の準備をする

自宅で葬儀を行う場合

急を聞いて駆けつけてくれた通夜の弔問客のためにも、とりあえずの早急な準備をしなくてはなりません。

自宅では、まず祭壇《さいだん》を設置する場所と通夜の部屋を決めるため、家の清掃と家財用具の整理をします。また、僧侶《そうりょ》や親族の控え室を確保します。

焼香台《しょうこうだい》を置くスペースがなければ、弔問者が出入りしやすい玄関や縁側に近い場所に置きます。玄関は、冬でも通夜の時間は開けるようにして、受付のまわりはできる限り明るくしておきます。通夜・葬儀に必要なすだれや黒幕などの用具類は、葬儀社に言えば用意してくれます。

祭壇用具の設置や飾りつけ

①遺影の準備

自宅葬以外でも必要になる「遺《い》影《えい》」は故人が気に入っていた写真の中で、できるだけ死亡年齢に近く、正面を向いた、表情が自然なものを選びます。笑顔で語りかけてくるような写真のほうが、最後のお別れにふさわしいでしょう。

葬儀社に渡して引き伸ばしてもらいますが、フィルムがあればフィルムを、なければ紙焼きの写真からでも引き伸ばせます。

②神棚封《かみだな》じ

神棚があれば扉を閉めて前面に白紙か白布を貼って封じておきます。扉のない神棚は、前面に白紙か白布を貼ります。

③祭壇の設置

祭壇の設置は葬儀社が行ってくれます。祭壇の大きさは段数によって決まり、部屋の広さや予算のことも考え葬儀社とよく相談の上決めましょう。

故人の遺品やコレクションを飾ったり、故人の好きだった花で、白だけでなくさまざまな色の花を使用した、生花祭壇なども増えています。

④外回りの整備

受付は門の外、玄関前、庭先などに設けます。机に「受付」と書いた紙を貼り、弔問のための芳名帳や香典帳《こうでんちょう》、供物帳《くもつちょう》、筆記用具などを揃えます。基本的にはこれらは葬儀社でやってくれます。

⑤供物・供花《くげ》、花環《はなわ》

供物や供花の飾りつけは、故人と血縁の濃い順に棺の近くに飾り、親交が深かった順に飾っていきます。屋外に並べる花環は、玄関に近い方から親交が深かった順に並べていくのが一般的です。

これらの飾りつけは弔問者に深い印象を残すものですから、並べ方も慎重にする必要があります。

会社関係や町会関係からのものは、遺族の意向だけではなく社会的な儀礼なども考慮して、葬儀社と相談しながら決めることが大切です。また、花環が多い場合は、道路にも並べることがありますので、隣家に断りを入れます。

会葬礼状と会葬御礼品の発注

通夜・葬儀の会葬者への「会葬礼状・返礼品」は、最近では、清めの塩や酒などの返礼品などとセットにして、いっしょにわたすことが多くなっています。どちらも葬儀社で手配をしてくれますが、予想される会葬者の数よりも多めに用意しておきます。

食事の注文

仕出し店に注文しておくか、葬儀社に頼むと、仕出し店のメニューなども用意してくれます。

喪服をそろえる

仮通夜での服装は

遺族は通夜までに喪服の準備をします。とりあえずの弔問や仮通夜の晩には、正装の喪服を着ていなくてもかまいませんが、光らない素材で黒を基調とした地味な服にします。参列するほうは、通夜は急いで駆けつけるという意味もあり、地味な色の服なら、喪服でなくても失礼にあたりません。

早めに喪服の準備を

本通夜・告別式では正装の喪服を着用する必要があります。このときになってあわてて喪服を出すと、虫に食われていたりサイズが合わないことなどがあるかもしれません。いざというときのために、喪服の手入れだけは欠かさないようにしておきましょう。

喪章やりぼんは葬儀社が用意します。

本通夜・告別式の服装

①男性の服装

男性の和装の正喪服は、黒無地染め抜き五つ紋の黒の着物と羽《は》織《おり》・袴《はかま》。洋装は黒のモーニングコート、ズボンは黒とグレーの縞柄で、裾はシングル。ただしモーニングは昼間の礼装なので、通夜では黒のスーツにします。ネクタイ、靴下、靴は黒を選びます。

②女性の服装

女性の和装の正喪服は、色無地の五つ紋に黒帯、白足袋に草履という和装が正式ですが、通夜で着物を着るのは遺族・親族のみです。告別式では、一般の弔問客も着物でかまいません。

洋装の正喪服は、黒のスーツやワンピース・アンサンブルに、黒か肌色のストッキングが一般的です。ただしノースリーブや透けた素材は避けます。

③そのほかの装い

お化粧は薄めにして、結婚指輪以外のアクセサリーははずします。石がついている場合は、回してなるべく石を隠すようにするといいでしょう。香水も控え、マニキュアは無色透明にするなど目立たないようにします。

遺族はアクセサリーを身につけないのが正式ですが、喪主以外なら悲しみの涙を表すといわれる真珠なら身につけてもよいとされています。

弔問客も、装飾性のあるものはさけて、小ぶりの真珠がいいでしょう。ネックレスは一連のものをします。二連以上のネックレスは「重ねる」という意味もあって、ふさわしくありませんので注意しましょう。

男女ともに、ボタン、バックルは、共布か光沢のない共色にします。靴やバッグはエナメルや爬虫類などを避け、飾りのない、なるべくシンプルなものにします。

④子どもの服装

学生服か、黒、紺、グレーなどの地味な色のブレザーやシンプルなワンピース、白のシャツやブラウスなどにします。靴下・靴は黒のものに。

女性の洋装
・遺族でも喪主以外は洋装にするケースが増えている

女性の和装
・通夜では一般の会葬者は和装は避けるのがマナー

男性の洋装
・最近は遺族も会葬者もブラックフォーマルが一般的

通夜を行う

故人との別れを惜しむ

「通夜」とは、夜通し遺体を見守ることを言います。遺体を葬《ほうむ》る前に故人にゆかりの深い人々が集まって、故人の冥福《めいふく》を祈り、別れを惜しむ集いです。

通夜には、死亡当日の夜に遺族や親族だけで行う仮通夜（弔問客を招く準備が整わないようなときに行う）と、一般の弔問客を迎えて行う本通夜があります。

現在では夜通しお棺を守るのは近親者に限られ、弔問客のためには、夜の6、7時ごろから1～2時間ほど営まれる、「半通夜」が主流です。遺族は夜通し灯明《とうみょう》と線香の火を絶やさないようにします。

通夜の席順

親族と関係者一同は早めに席に着きます。席順は血縁の近い人から祭壇《さいだん》のそばの席に着き、正面後方に一般弔問客が到着順に座ります。とくに故人と親しかった恩人や上司、親友などは、喪主や近親者の次に座ることもあります。

通夜の段取り

①僧侶《そうりょ》を出迎える

僧侶が到着したらまず控室に案内し、接待係が茶菓の接待をします。通夜の読経《どきょう》が始まる前、喪主と世話役代表は僧侶にあいさつに行きますが、葬儀社の担当者も同席し、進行を打ち合わせます。

戒名《かいみょう》をいただいていない場合は、このとき白木の位牌《いはい》に戒名を入れていただきます。筆と墨は用意しておきます。

②受付を始める

受付係は、実際の受付は30分くらい前から行いますが、早く到着する会葬者もいるので、通夜が始まる1時間前には受付に立ち、待合室などを案内します。

受付を始めたら、香典《こうでん》を受け取り記帳をお願いします。香典を即日返しする場合は、引換券を渡します。コートや鞄を預かる場合は、

番号札を渡します。

③僧侶の読経

進行係は、時間になったら僧侶に知らせ、読経をお願いします。通夜は、僧侶の読経によって始まります。進行係に案内されて僧侶が入席し、祭壇の前に座って読経を始めますが、普通30～40分くらいかかります。読経後に僧侶が説教法話をすることもあります。

④焼香《しょうこう》を行う

読経のあと僧侶がまず焼香をします。僧侶から合図があったら喪主、近親者、一般弔問客の順に焼香をしますが、社葬など特別な場合は葬儀委員長から始めます。

とくに弔問客が多いようなときには、読経の間に焼香をすませることもあります。


自宅などで祭壇の間が狭かったり、参列者が多くて仏前への出入りに無理がある場合には「回し焼香」にします。回し焼香の場合は自分の席に座ったまま、順に回ってくる香炉で焼香をします。

⑤通夜ぶるまいの案内をする

読経と焼香が済んで僧侶が退室すると通夜の式は終わりです。

弔問客が帰るときには、喪主や遺族は席についたままで黙礼し、見送ることはしません。遺族ではなく、世話役が見送ります。

司会者が通夜ぶるまいの案内をしますから、受付係は会葬礼状・返礼品を手渡しますが、香典を即日返しする場合は、その品物を渡します。

通夜でのあいさつ

弔問客へのあいさつ

通夜では焼香《しょうこう》のとき、喪主《もしゅ》や遺族は、座ったまま黙礼をし、弔問を受けます。弔問に対するお礼のあいさつは、通夜ぶるまいの前と後に、喪主または親族代表が故人に代わって行います。弔問へのお礼、生前の故人への厚誼《こうぎ》に対する感謝と、通夜ぶるまいの案内をします。

ただし、通夜での正式なあいさつはしなくても失礼にはあたりません。

あいさつの構成と内容

①参列者に会葬のお礼を述べる
②故人の死去の報告、享年や人柄
③生前故人がお世話になったお礼や、入院中のお見舞いのお礼
④香典《こうでん》や霊前、供物などのお礼
⑤通夜ぶるまいの料理の用意があることを述べる

故人の人となりや生前のエピソード、死因については述べなくてもかまいませんが、さしさわりがなければ病状や臨終《りんじゅう》の様子などを話します。簡潔に述べ、生前の厚誼へのあいさつなどを入れて素直に伝えます。

香典や供物などには「ありがとう」ではなく、「ごていねいに恐れ入ります」「お心づかいに感謝します」などの言葉を添え、具体的なものに対する言葉は使いません。

世話役代表のあいさつ

世話役代表があいさつする場合は、喪主の代わりとして謝意を表します。喪主が年少や高齢であったり、体調をくずしている場合の代理であることを述べます。

◆一般的な短いあいさつ

本日はお忙しいところ、夫○○のためにご焼香を賜りまして、まことにありがとうございます。また、故人が生前賜りましたご厚誼に対しましても、心からお礼申し上げます。ささやかではございますが、故人の供養《くよう》のためにも、どうぞお召し上がりください。

本日はお寒い折りにもかかわらず、父○○の通夜にご参列いただきましてありがとうございます。療養中は、みなさまのていねいなお見舞いをいただき、父に代わりまして厚くお礼申し上げます。

別室に、心ばかりですが酒肴《しゅこう》を用意しておりますので、召し上がっていただければと存じます。

本日はご多用の中、妻○○のためにお集まりいただきありがとうございました。生前はみなさまにたいへん懇意にしていただき、本人も感謝しておりました。心よりお礼申し上げます。

ささやかではございますが、お食事の用意をさせていただきました。故人の供養《くよう》になりますので、どうぞお召し上がりください。

ポイント

●通夜でのあいさつは、短く簡単なものでかまいませんが、一つ一つの言葉を落ち着いて言うことが大切です。

●多忙な中を、弔問に来ていただいたお礼を述べます。

●生前の厚誼への感謝を伝え、通夜ぶるまいの案内をしますが、無理じいの印象がないようにします。

●天候にふれた配慮の言葉と、故人へのお見舞いの感謝を述べます。

●安らかな死の場合、故人の最後のようすを伝えましょう。故人に代わって、感謝の気持ちを素直に表します。

喪主のあいさつ

夫を亡くした妻の通夜ぶるまい前のあいさつ

話し手
妻 60代

故人
夫 病死 60代

1分30秒

①本日はご多忙にもかかわらず、お寒いなかを遠路はるばる、たくさんの方にご弔問いただきましてありがとうございました。また、ご丁重なご芳《ほう》志《し》を賜り、厚くお礼申し上げます。

②夫○○は、昨日午前8時30分ころ、自宅でたおれ救急車で病院に運ばれましたが、懸命の治療のかいもなく、4時間後に死去いたしました。享年67歳でした。

③夫は温泉が大好きで、退職してからは○○会のみなさまとご一緒に、月に一度の秘湯めぐりに参加できることを本当に楽しみにしておりました。今となっては念願の温泉めぐりができて、本人にとりましても何よりの慰めでございます。

生前、みなさまになにかとお世話になりましたこと、故人もさぞや感謝いたしていることでございましょう。

④ささやかではありますが、別室に、お食事の用意をさせていただきました。故人の供養《くよう》のためにも、召し上がりながら故人を偲《しの》んでいただければと存じます。

あいさつの流れ

①**弔問のお礼**
香典《こうでん》や供物《くもつ》へのお礼の言葉は、「ご芳志」「ご配慮」「ご厚志《こうし》」「ご厚情」などとし、具体的なものに対することばは使いません。

②**死去についての報告**
急な死去の場合、事情を知らない弔問客もいますので、さしさわりのない範囲で経過を説明します。

③**故人を偲《しの》ぶエピソード**
弔問客が知っている、幸せな晩年のエピソードなどを簡単に話します。

④**通夜ぶるまいの案内**

喪主のあいさつ

母を亡くした長女の通夜ぶるまい前のあいさつ

話し手
長女 50代

故人
母 病死 70代

1分40秒

①本日はお忙しいなか、母○○の通夜に駆《か》けつけていただき、まことにありがとうございます。

②母は昨年3月より病気療養中でしたが、看病のかいなく、昨日の午前○時○分、眠るようにに息をひきとりました。享年《きょうねん》78歳でした。

長い闘病生活でしたが、もちまえの明るさでまわりのみなさんを元気づけ、娘の私のほうが返って励まされていました。最後はたいへん安らかに、眠るように逝《い》ったことがなによりでした。

花が大好きな母でした。特に、ピンクの花がお気に入りでした。本日も祭壇《さいだん》のお花に、ピンクのマーガレットやフリージア、スイートピー、ガーベラ、などがたくさん混じっておりますのは、生前、母がピンクの花々に囲まれてみたいと申しておりましたので、その願いを叶えてあげたかったからでございます。

③みなさまには母の療養中、手厚くお見舞いいただきありがとうございました。故人に代わりまして心より感謝申し上げます。

④別室に、ささやかですがお食事を用意させていただきました。お時間の許す限りみなさまに、母を偲んでいただければと存じます。

あいさつの流れ

①**弔問のお礼**
突然のことにもかかわらず、おいでいただいたお礼。

②**故人の思い出**
病状や治療中の苦しみなどには、あまりふれないようにします。故人の人柄や好きだった事、趣味などを通して話をします。

③**お見舞いへのお礼**
入院中のお見舞いへのお礼を表します。

④**通夜ぶるまいの案内**
通夜ぶるまいの案内を伝えますが、無理じいの印象がないようにします。

◆喪主である高齢の母に代わって

本日はご多忙中、父○○のためにごていねいなお悔やみをいただき、まことにありがとうございます。本来ならば喪主である母がごあいさつ申し上げるところですが、なにぶんにも高齢でございますので、長女であります私からごあいさつを申し上げます。

本日は故人○○のために駆《か》けつけてくださり、まことにありがとうございます。故人の弟の○○と申します。喪主である故人の妻がごあいさつ申し上げるところですが、突然のことで体調をくずしておりますので、私が代わりましてごあいさつさせていただきます。

◆世話役代表のあいさつ

私は故人○○の叔父でございます。長男の○○がごあいさつをいたしますところですが、なにぶん年少の身でありますので、遺族に代わりまして、ひとことごあいさつを申し上げます。

ポイント

●遺族の立場として弔問客に対応します。喪主が高齢で動揺がはげしいため、代理であいさつを行うことを断りお礼を述べます。

●喪主がまだ、心の動揺や緊張がおさまらない場合、「体調をくずして」「動揺しておりますので」などと、理由は軽くふれる程度にします。

●喪主がまだ年少であるため、親族が代理に立って参列者にお礼を述べます。

世話役のあいさつ

職場の上司の通夜ぶるまい前のあいさつ

話し手
職場の上司 40代

故人
部下 事故死 30代

1分40秒

①本日はお忙しいなか、故○○君の通夜に、このように多くの方にご弔問いただきましてまことにありがとうございます。また、故人が生前に賜りましたみなさまのご厚誼《こうぎ》に、厚くお礼申し上げます。
　私は、故人の職場の上司にあたります○○でございます。世話役を務めさせていただいております。ご遺族、ご親族のみなさまに代わりまして、ごあいさつさせていただきます。
②すでにみなさまお聞き及びかと存じますが、○○君は、昨日バイクに乗って帰宅途中、交通事故にあい病院に運ばれましたが、残念ながら昨夜の午前2時30分、帰らぬ人となりました。享年30歳でした。
③急なことでしたので、みなさまにはご迷惑をおかけしましたこと、故人に代わりまして、改めてお詫び申しあげます。公私ともにこれからというときに、また、将来を期待された人物であっただけに残念でなりません。本人もさぞ無念であったことでしょう。
④別室に、ささやかですがお食事を用意させていただきましたので、故人の供養《くよう》のためにお召し上がりください。お時間の許す限り、故人を偲《しの》ぶお話などお聞かせいただければと存じます。

あいさつの流れ

①弔問のお礼と間柄
世話役は喪主の代わりとして謝意を表しますが、まず故人との関係を明らかにします。

②死去までの報告
突然の死去の場合、弔問客には支障のない程度に、死までの経過を簡単に知らせます。

③お詫びのことば
仕事関係の弔問者へのお詫びと気づかいの言葉を忘れずに述べ、故人の急逝が無念であることを伝えます。

④通夜ぶるまいの案内

通夜ぶるまいを行う

通夜ぶるまいとは

仏式では焼香《しょうこう》がすんだ弔問客を、順次酒食を用意した別室へ案内し、遺族が弔問客に酒食をふるまうことを通夜ぶるまいといいます。

清めと故人の供養《くよう》、弔問客への感謝の気持ちを表すものです。

故人の思い出や故人とのかかわりを語り合う場でもありますが、あまり大声で話すことのないようにして故人を偲《しの》びます。

喪主や遺族は、弔問客がふるまいの席へ移ったことを見届けて、そちらへ移動しますが、遺族の何人かは残って棺をお守りします。

通夜ぶるまいは、地域によって食事を用意するところもあれば、お茶菓子程度で済ませるところ、あるいはなにも出さないところもありますが、全国的に見ると、ふるまうところがかなり多いようです。世話役や諸係の人にも忘れずにふるまいましょう。

通夜ぶるまいの料理

仏教では忌明けまでは肉や魚の生ぐさ物は慎むものとされていますが、現在では通夜ぶるまいであっても精進料理にこだわることは少なくなっています。

最近では簡単に食べられる寿司、サンドウィッチ、オードブル、ビール、ジュースなどが多くなってきました。斎場では出入りの仕

出し業者に注文できて、食器やグラス、皿なども用意してくれます。

早めに終えるように

遺族は弔問客への気づかいで、切り上げる時間を言い出しにくいものです。ふるまいは1~1時間半程度が適当ですが、お酒が入るとなかなか引き上げない会葬者もいます。

遺族は通夜までいろいろな心労が続き、早く落ち着きたいものです。「そろそろ時間なので」と言い出しにくい場合は、喪主や世話役は、通夜ぶるまいをご案内するあいさつのなかで、「会場の関係で○時ごろまでと限らせていただきます」とか、「お手伝いの方は明日も早いので○時ごろまでとさせていただきますが、それまではゆっくりしていってください」などと伝えておくと、スムーズに終了できます。

それでも遅くまで残っている人がいたら、世話役は遺族を気づかいそれとなく、引き上げていただくよう案内します。

僧侶へのもてなしとお礼

僧侶《そうりょ》が出席する場合は、僧侶を一番上座に案内します。遺族・親族は末席に座ります。

僧侶を2人以上招いたときは、通夜ぶるまいの席は一般の弔問客とは別室にしたほうが、気がねなく召し上がっていただける場合もあります。

僧侶が出席できないときは、葬儀の時間を確認して、お布施《ふせ》とは別に「御膳料《ごぜんりょう》」と「御車代」をおわたしします。

寺院で通夜を行う場合は、僧侶へのもてなしは必要ありません。

通夜ぶるまい終了のあいさつ

通夜終了のあいさつ

通夜ぶるまいは普通1時間〜1時間半ほどで終了します。遺族の疲れも出ますので、時間を見計らって、喪主か世話役代表がさりげなく閉会のあいさつをして終了します。あいさつの構成は次のようなものです。ポイントは弔問のお礼と翌日に控えた葬儀・告別式の案内です。

①弔問へのお礼
②終了のあいさつ
③葬儀・告別式の案内
④結びの言葉・弔問客への配慮

忙しいなかを参列していただいたお礼と、無事に通夜を終えることができたお礼を述べます。

葬儀・告別式の日程・場所・式の形式を案内し、参列をお願いし、帰途へつく弔問客への配慮の言葉で結びましょう。

弔問客が帰るきっかけをつかめないでいるときは、世話役代表が「みなさま」などの言葉を発して、注意を引いて自らがあいさつを始めるか、「喪主よりお礼のごあいさつが……」と話すきっかけをつくります。

通夜ぶるまいに途中から参加した方のために、死亡のいきさつなどについて簡単に述べ、入院中のお見舞いなどのお礼を述べます。

弔問客の見送りは世話役が行う

喪主や遺族は帰る弔問客を見送っては行けないとされています。弔問客の出迎えや見送りは、すべて世話役の人たちがやってくれます。喪主や遺族がしなくてはいけないのは僧侶の見送りです。玄関先まで見送りに出て、お礼の言葉とともに一礼して見送ります。

喪主のあいさつ

息子の通夜ぶるまい終了のあいさつ

話し手
長男 40代

故人
父 病死 70代

1分40秒

①本日はお忙しいなか、父の通夜にご参列くださいましてまことにありがとうございました。みなさまのおかげをもちまして、とどこおりなく通夜を終了させていただくことができました。

②生前の父についての、いろいろなお話をお聞かせくださってありがとうございました。みなさまから、私ども家族も知らないような、父の優しい一面を伺うことができました。本人も今ごろ大いに照れていることと思います。父が生前、みなさまに大変親しくおつき合いいただいたこと、改めてお礼申し上げます。

また、入院中はたくさんの方にお見舞いいただき、ありがとうございました。故人に代わりまして厚くお礼申し上げます。

③まだまだ父を偲《しの》んでいただきたいところでございますが、夜も更けてまいりましたので、本日はお開きとさせていただきます。

④なお、明日の葬儀・告別式は午後1時より当斎場にて予定しておりますので、お時間が許すようでしたら、お見送りいただければと存じます。

どうぞお足もとに気をつけてお帰りください。

あいさつの流れ

①**通夜列席へのお礼**

↓

②**厚誼《こうぎ》へのお礼**
故人を偲ぶ言葉を頂戴したことへのお礼と、生前の厚誼への感謝、入院中のお見舞いへのお礼などを述べます。

↓

③**終了のあいさつ**
「明日のお仕事にさしつかえるといけません」などの言葉を添えましょう。

↓

④**葬儀・告別式の案内**
葬儀・告別式の日程と場所、参列へのお願い、帰途へつく弔問客への配慮の言葉で結びましょう。

世話役代表のあいさつ

世話役の通夜ぶるまい終了のあいさつ

話し手
世話役代表60代

故人
男性病死50代

1分40秒

①みなさま、世話役代表としまして、ひとことごあいさつを申し上げます。本日は急なことにもかかわらず、ごていねいなお悔やみのほかに、故人を偲《しの》ぶたくさんのお言葉を頂戴しまして、心より感謝申し上げます。おかげさまで通夜を無事すませることができましたこと、ご遺族、ご親族に代わりまして厚くお礼申し上げます。

故人はにぎやかなことが好きでしたので、このようにたくさんのみなさまにお集まりいただき、さぞ喜んでいることでしょう。

②また、残されたご遺族に対しても励ましの言葉をいただき、故人に代わりまして心よりお礼申しあげます。今後もみなさまのご支援、ご指導のほどお願い申し上げます。

③お話はつきませんが、遠方よりお越しの方もいらっしゃると存じます。このあとは、ご遺族のみなさまで故人を守るそうでございますので、このへんで終了させていただきたいと存じます。

④なお、葬儀・告別式は明日○○時より、○○にて執り行います。ご都合がよろしければ、ご会葬いただきたいと存じます。

どうぞお足もとにご注意なさってお帰りください。

あいさつの流れ

①**終了のあいさつは**
「みなさま」とはじめに呼びかけ、きっかけをつくるとよいでしょう。世話役の立場に加えて、遺族の立場からも謝意を述べます。

↓

②**遺族への支援の願い**
世話役の立場から、遺族への支援をお願いします。

↓

③**終了のあいさつ**
これでお開きにしたい旨をさりげなく伝えます。

↓

④**葬儀・告別式の案内**
葬儀・告別式の案内と、夜遅くなった弔問客の帰途にも気配りの言葉を。

世話役のあいさつ

通夜ぶるまい終了のあいさつ

話し手
兄
40代

故人
弟
病死
30代

1分30秒

①みなさま、親族を代表いたしましてごあいさつを申し上げます。私は故人の兄でございます。本日は弟のためにお忙しいなかご弔問くださり、心よりお礼申し上げます。

②弟は一昨日激しい頭痛をうったえまして、すぐに救急車で病院に運ばれましたが、手当のかいなくクモ膜下出血で亡くなりました。享年36歳でした。

③生前、親しくおつき合いくださいましたみなさまからの、弟を偲ぶお話の数々、本当にありがとうございました。短い人生でしたが、弟は素晴らしい方々とのお仕事、そしておつき合いをさせていただきましたことが、せめてもの救いであったのではないかと思います。ここで改めまして故人、遺族に代わり厚くお礼申し上げます。

④まだまだお聞きしたいこともありますが、明日のご予定もあるかと思いますので、どうぞご自由におひきとりくださいませ。

なお、明日の葬儀・告別式は午後前11時より予定しております。お時間がございましたら、見送っていただきたいと存じます。

本日は、まことにありがとうございました。

あいさつの流れ

①**弔問へのお礼と間柄**
弔問客へ、帰るきっかけをうながす言葉とお礼を述べ、故人との関係を述べます。

⬇

②**死去までの報告**
不測の死の場合、その経緯をさしさわりのない程度に伝えます。

⬇

③**厚誼へのお礼**
代理としての感謝の気持ちとお礼を述べます。

⬇

④**終了のあいさつと葬儀・告別式の案内**
しめと配慮の言葉、案内を述べて結びます。

葬儀・告別式の準備をする

最終確認は遺族が行う

葬儀・告別式をとどこおりなく進めるためには、式場を確保するとともに、葬儀が行われる前に、関係者間で最終的な確認をする場をもつことが大切です。

葬儀の準備は、実際には葬儀社や世話役が行いますが、最終的な決定権をもつのは喪主をはじめとする遺族です。

遺族が細部にわたって確認しておくことが、式を円滑に進めるためのポイントになります。

なお、開式時間前に弔問する会葬者もいるので、遺族は早めに喪服に着替えておきましょう。

あらかじめ弔電に目を通し選択する

葬儀当日は、通夜の後片づけがきちんとされているかを確認し、式場となる部屋や僧侶《そうりょ》の控え室を確認します。

葬儀当日に届いた弔電は、式では2～3通を読むのが通例なので、弔電は喪主が目を通して故人との縁を考えて選んでおきます。

読みにくい名前には、あらかじめふりがなをつけておくとよいでしょう。

打ち合わせの場をもつ

受付係などの世話役をお願いした場合は、仕事の内容を確認し、段取りについて打ち合わせをします。

受付に筆記用具や芳名帳がそろっているかなど、備品についても確認しておきましょう。

僧侶が到着したら、喪主は控え室にあいさつに伺います。

当日の進行は葬儀社が行いますが、葬儀は本来僧侶が執り行うものです。

式次第の進行などは、宗派によって違うので僧侶を交えて最終的な打ち合わせをします。

細部のチェックを忘れずに

供花や花環は葬儀の日に届く場合もあります。遺族はあらためて並べる位置を葬儀社に指示します。通夜から飾られているものは動かさずに、追加して並べるようにします。

葬儀の前には、火葬場へ同行する人の人数を確認しておきます。

この仕事が遺族にとってはあんがい重要になります。火葬から戻ってきて精進落《しょうじんお》としのお清めという段になり、料理が足りなくなったり、だいぶ余ったりすることがあるからです。

遺族、親戚のほかに故人と親しかった人で火葬場に行ってくれそうな方に声をかけ、それとなく確認しておくようにします。

「火葬場に同行します」と言ってくれる会葬者に「あなたは結構です」とは拒否できません。

おおっぴらに「あなたはどう?」と尋ね回るのではなく、「ぜひ同行ください」と誘いながら、それとなく人数を確かめるのが上手な確認のしかたです。

それでも、見当が外れることがありますから、その場合を見越して料理はやや多めに手配しておくと失敗が少ないでしょう。

人数が確認できたら、葬儀社に人数を知らせましょう。

葬儀・告別式を執り行う

本来「葬儀」と「告別式」は別のもの

葬儀は、故人の冥福《めいふく》を祈るために、遺族や近親者が行う儀式。仏教では、故人に仏の弟子としての戒律を与える授戒《じゅかい》と、極楽浄土《ごくらくじょうど》へと導く引導《いんどう》を行う儀式です。

一方、告別式は、遺体を火葬場や墓地まで送った葬列《そうれつ》（野辺《のべ》送り）が変化したもので、故人の友人や知人が、故人と最後のお別れをする儀式です。

かつては「葬儀」と「告別式」は別々に行われていましたが、会葬者への負担を減らすための、現在では、葬儀に引き続いて、告別式が行われ、会葬者の焼香《しょうこう》などが行われるのが一般的になりました。

葬儀・告別式の進行

葬儀当日は、遺族や参列者が全員着席した後、式場係の案内によって、僧侶が入場します。

遺族は一般の会葬者に先立ち、葬儀の十分前には着席します。

遺族や参列者は、一礼して僧侶を迎えます。

司会者による開式の辞のあと、葬儀は僧侶の読経によってはじまります。

引導は宗派によって異なる

儀式の最も大きな目的である「引導」は、宗派によってしきたりが異なります。

宗派は大きく分けると、

①密教系（天台宗・真言宗）
②禅宗系（臨済宗・曹洞宗）
③浄土宗、浄土真宗系
④日蓮宗系

などがあります。

仏式でも、たとえば浄土真宗は「引導」がないなど、宗派によって式次第が異なります。

葬儀の前には、僧侶に式次第の

〈仏式〉葬儀・告別式の進め方（例）

■葬儀

①遺族・近親者着席
←②会葬者入場
←③導師（僧侶）入場
←④開式の辞
←⑤導師読経・引導
←⑥弔辞拝受・弔電紹介
←⑦導師読経
←⑧遺族・近親者焼香

■告別式

①導師読経
←②会葬者焼香
←③導師退場
←④閉式の辞

意味などをうかがっておくと良いでしょう。

焼香は血縁の濃い順に行う

引導のあとは宗教行事からいったん離れ、弔辞拝受と弔電紹介を行います。弔辞は故人と親しかった方などに読み上げていただき、弔電は遺族が選んだものを司会者が紹介します。

弔電紹介のあとは、再び僧侶が読経を行います。読経中に僧侶から合図があったら、喪主から順に焼香をします。

焼香の順番は、故人と血縁の濃い人から行うのがしきたりです。

遺族・親族・各界の参列者・世話役の代表者の順に行い、一同は正座をし一礼して見送ります。

焼香が終わると、僧侶は退場して、葬儀は終了します。

告別式では座り直すのが正式

葬儀の後、20分ほどの休憩の後で、僧侶が再度入場して、告別式が始まります。

告別式では、遺族や親族は、会葬者に背を向けないように座り直すのが正式です。ただし、最近は斎場で行われる葬儀が増え、その場合は告別式も葬儀の席のまま行うことも多いようです。

通路をはさんで右側に遺族と親族が座ります。席順は、喪主を先頭に、故人と血縁の深い順に座ります。

祭壇に向かって左側には、世話役代表、世話役、友人、知人などの順で並びます。会社の代表者や、社会的な地位の高い人がいる場合は、世話役より優先して上座に座ってもらいます。

席次は焼香の順番になるので、あらかじめ葬儀社などと慎重に打ち合わせをしておきます。

一般会葬者や、式の開始後に到着した人には、到着後に末席に着席してもらいます。

一般の会葬者の焼香が終わると、僧侶の読経が終わり、僧侶の退場となります。喪主と会葬者一同は、頭を下げて見送ります。

司会者の閉会の辞により、告別式は終了します。

葬儀の席次（自宅）

告別式の席次（自宅）

告別式では喪主や遺族は会葬者に背を向けず、対面しお礼ができるように座りなおす。

神式の葬儀

神道では死は穢《けが》れとされているので、神社で葬儀が行われることはなく、自宅か葬儀場で行われるのが一般的です。

正式な神道での葬儀は大がかりなのでその多くは略式で行われます。

神道で仏式の葬儀と告別式にあたるのが、「葬場祭《そうじょうさい》」です。

故人に対して安らかな眠りを祈りながら最後の別れを告げる儀式です。

「手水の儀」をすませて着席する

遺族と参列者は席につく前に

〈神式〉葬場祭の進め方（例）

①手水《ちょうず》の儀・参列者着席
←②神官入場・開式の辞
←③修祓《しゅうばつ》の儀
←④献饌《けんせん》・奉幣《ほうへい》
←⑤祭詞《さいし》奏上《そうじょう》
←⑥弔辞拝受・弔電紹介
←⑦玉串奉奠《たまぐしほうてん》
←⑧撤饌《てっせん》・撤幣《てっぺい》
←⑨神官退場
←⑩閉式の辞

「手水《ちょうず》の儀」を行います。

葬場式は神職の入場で始まります。「修祓《しゅうばつ》の儀（斎主が式場と一同を祓《はら》い清める）」のあと、献饌《けんせん》と幣帛《へいはく》（神の食べ物と供物）を供え、祭詞奏上《さいしそうじょう》が行われます。

祭詞は故人の経歴や人柄を折り込んだもので、仏式の引導にあたります。

祭詞をあげることで、斎主は故人の霊が遺族を見守ってくれるように祈ります。

弔辞と弔電が捧げられたあと、玉串奉奠《たまぐしほうてん》に移ります。

斎主の玉串奉奠のあと、遺族、親戚、会葬者の順で玉串奉奠を行います。

献饌と幣帛が撤去され、神職の退場・閉式の辞で式が終了します。

手水の儀のしきたり

①桶の水を柄杓ですくい、左、右の順に水をかけて両手を洗う。

②柄杓を右手に持ち替えて、左の手の平で水を受けて口をすすぐ。

③そのあとで着席して、神職の入場を待つ。

キリスト教式の葬儀

キリスト教では、死は魂が神のもとへ召されたことを意味します。葬儀は故人が安らかに天へ召されるように、祈ることが中心となります。

葬儀は教会が主催するのがふつうなので、準備や進行は教会の指示に従うようにします。

葬儀の進行はカトリックとプロテスタントで異なります。

カトリックの葬儀は「ミサ」を中心に行われます。

葬儀は「開祭《かいさい》の儀」（入祭の奏楽、入祭の言葉など）に始まり、「言葉の典礼」（聖書朗読、司祭説教など）、感謝の典礼（ミサ）へ進み、最後に「告別式」が行われます。仏式の焼香《しょうこう》、神式の玉串奉奠にあたるのが献花で、白いカーネーションや菊などを供えます。

日本的な習慣を取り入れて、献花の代わりに焼香が行われる場合もあります。

プロテスタントでは葬儀の儀式の数が少なく、聖書の朗読、賛美歌など、神への祈りが中心になります。カトリックに比べて、教義に沿った態度が厳しく求められるのが特徴です。

形にとらわれない新しい葬儀

最近は、形式に捕われず、心から故人の冥福《めいふく》を祈れる葬儀をしたいという人も増えています。

葬儀に関する法律では、死亡届を出すこと、死後24時間以内に火葬しないこと、遺体を損壊、遺棄しないこと以外に法律的な決まりはありません。

仏式やキリスト教式といった特定の宗派にとらわれない葬儀のスタイルは、「無宗教葬」「自由葬」などと呼ばれています。

読経の代わりに故人の好きだった音楽を流したり、白木の祭壇の代わりに故人の好きな花を飾る「花祭壇」など、そのスタイルはさまざまです。

新しい葬儀を行うときはここに注意

無宗教葬など、新しい葬儀を行うときに最も大切なのは、遺族が確固とした意志を持つことです。意志を貫く気持ちが強くないと、周囲の人を説得するのがむずかしくなります。

はっきりとしたプランをもち、葬儀社まかせではなく、こちらから明確な指示を出すようにします。

また、仏式なら四十九日にあたる追悼《ついとう》儀礼《ぎれい》をどうするかなど、葬儀後のこともしっかり取り決めておく必要があります。

〈自由葬〉音楽葬の進め方（例）

①故人の好きだった曲の演奏
←②開式の言葉
←③黙祷
←④お別れの言葉
←⑤演奏・合唱
←⑥遺族・親族の献花
←⑦会葬者の献花
←⑧遺族代表のあいさつ
←⑨閉式の言葉

密葬プラスお別れ会

最近は家族葬でも身内での密葬を行ったあとで、故人の友人などを招き、告別式を行う代わりに、「お別れ会」を開くケースも増えています。

身近な人間だけで故人を手厚く送ろうというのが目的です。

会費制の場合もあり、会場は交通の便のよいホテルなどが使われます。

とくに決まりはありませんが、故人の悪口や、暴露話などは謹しみ、心から故人の冥福を祈りたいものです。

葬儀・告別式でのあいさつ

告別式終了後にあいさつする

現在では、葬儀と告別式は続けて行うのが一般的です。

葬儀と告別式を続けて行う場合は、告別式の終了後、または出棺《しゅっかん》の時に、喪主または親族代表が会葬者に向かってあいさつをすることになります。

あいさつは会葬者へのお礼を中心に

告別式での喪主側のあいさつは葬儀・告別式へ「①**参列してもらったことへのお礼を述べ**」、差しつかえのない範囲で「②**最期の様子や故人の思い出**」などを話します。次に「③**故人が生前にお世話になったことを心から感謝**」し、これまでと変わらない支援をお願いします。

残された者の立場から、現在の心境や決意などを述べてもよいでしょう。

通夜でのあいさつの重複はかまわない

通夜であいさつしている場合には、内容が重なる場合もありますが、告別式だけに参列する人もいるので、重複しても失礼にはなりません。

ポイントとお礼はしっかりと伝えるようにしましょう。

話す時間は2〜3分が適当です。短すぎても、長すぎてもしまりがなくなるので気をつけましょう。

喪主のあいさつ

長男からのお礼のあいさつ

話し手
長男 50代

故人
父 病死 70代

1分30秒

①本日は、お忙しいところを亡き父、〇〇〇〇の葬儀に、多数ご参列くださいまして、まことにありがとうございました。

おかげさまで、とどこおりなく、式を済ませることができました。

私は長男の靖雄と申します。

②父は1月8日午前3時5分、家族に看取《み》られながら、息を引き取りました。享年77歳。死因は呼吸不全でした。

残念でしたが、苦しまずに逝《い》ったことが、せめてもの慰めです。

将棋が大好きな父でした。

がんこなところもありましたが、多くの将棋友だちや、飲み友だちに恵まれて、それなりに幸せな人生だったと思います。

③生前、故人がみなさまに大変お世話になりましたことを、心から感謝申し上げます。

今後もみなさまには、変わらぬご厚情を賜りますよう、お願い申し上げます。

簡単ではございますが、ごあいさつとさせていただきます。

本日は、まことにありがとうございました。

あいさつの流れ

①**会葬のお礼**
忙しいなかを会葬に参列してくれた会葬者に、無事告別式を終えた報告とお礼を述べます。

②**故人の最期のようす**
故人の最期のようすを差し障りのない程度に述べます。エピソードを入れてもよいでしょう。

③**厚誼へのお礼**
故人のこれまでの厚誼へのお礼と遺族への変わらない引き立てをお願いします。

喪主のあいさつ

故人が長寿の場合のあいさつ

①本日は、雨でお足もとの悪いなかを、父〇〇〇〇の葬儀・告別式にご参列いただきまして、まことにありがとうございました。
おかげさまでとどこおりなく、式を終えることができました。

②父は一昨日の朝7時ごろ、自宅で息を引き取りました。
昨夜はいつもと変わらず、書をたしなみ、お風呂に入り、夜は少し疲れたと早めに休みましたが、朝、なかなか起きてこないのでようすを見に行ったところ、冷たくなっておりました。
白寿《はくじゅ》のお祝いを済ませたばかりの99歳でございました。
「死ぬときはだれの迷惑にもならずに、眠るように死にたい」というのが父の口癖でした。
家族にとっては1日でも長生きをしてもらいたいというのが本音ですが、苦しまずに、眠るように逝《ゆ》くことができて、まさに大往生《だいおうじょう》だったのではないかと思います。

③父の生前は、みなさまに親しくおつき合いをしていただきまして、ありがとうございました。故人に代わりまして心よりお礼申し上げます。
今後も変わらないおつき合いを賜りますよう、お願い申し上げます。

話し手
長男 60代

故人
父 老衰 90代

1分30秒

あいさつの流れ

①**参列のお礼**
悪天候のなかを参列してくれた弔問客にお礼を述べ、無事式を終えたことを報告します。

↓

②**長寿への感謝**
最期のようすとともに、故人の思い出を話します。大往生なのであまり暗くならずに淡々と話してよいでしょう。

↓

③**厚誼へのお礼**
故人へのこれまでの厚誼へのお礼を述べ、変わらないつき合いをお願いします。

遺族のあいさつ

喪主の母に代わって娘のあいさつ

話し手
長女
30代

故人
父
60代
事故死

1分30秒

①本日は、お忙しいなか、父〇〇の葬儀・告別式にご参列、ご焼香《しょうこう》くださいまして、ありがとうございました。

おかげさまで式はとどこおりなく終了いたしました。

長女の多佳子と申します。本来は喪主の母がごあいさつするところですが、ショックで伏せておりますので、私からお礼の言葉を述べさせていただきます。

②昨日の朝、いつものように出勤した父が突然の事故に見舞われ、私たちの前からいなくなってしまいました。

まだ、信じられない気持ちでいっぱいです。

父は見習い修行の後、独立し、現在の工場を造りました。真面目だけがとりえの父でした。今年還暦を迎えたばかりで、まだやりたいことがたくさんあったと思いますが、今はただ、冥福《めいふく》を祈るほか、言葉がありません。

③これからは、妹とふたりで母を支えて、強く生きていかなければならないと思います。

みなさまには、これからも変わらないご厚情を賜りますよう、お願い申し上げます。本日はありがとうございました。

あいさつの流れ

①自己紹介
自己紹介をしながら本来は喪主がするお礼のあいさつを代わってする説明をします。

②現在の心境
当然の事故なので、悲しみの気持ちを素直に伝えるとよいでしょう。

③厚誼のお願い
喪主である母親をはじめ遺族に対して今後も変わらない厚情をいただけるようお願いします。

喪主のあいさつ

妻が急死したときの夫のあいさつ

話し手
夫 60代

故人
妻 急死 60代

1分30秒

①本日は妻○○の葬儀に際し、ご多用中のところを、多数ご参列いただきまして、まことにありがとうございました。

心のこもった弔辞をいただき、故人もさぞや喜んでいることと思います。

②○○は6月12日、午前2時半に息を引き取りました。享年《きょうねん》68歳でした。

前日、娘や孫たちと一緒に夕食をとり、和やかなひとときを過ごしました。夜中に急に苦しみだしたので、救急車で急ぎ病院へ運んだのですが、ふたたび意識が回復することはありませんでした。

死因は脳溢血《のういっけつ》ということでしたが、本当にあっけない最期でした。

長く苦しまなかったことが　せめてもの救いですが、私ども家族にとりましては、まだ信じられない思いでいっぱいです。

孫ができてからは、孫のために裁縫をしたり、料理をつくったりと、毎日が楽しそうで、生き生きとしておりました。きっと、天国でも孫や私たち家族のことを見守ってくれることと信じております。

③これからは、家族力を合わせて生きていきたいと思っております。

みなさまには、これからも変わらぬご厚情を賜りますよう、お願い申し上げます。本日はありがとうございました。

あいさつの流れ

①**参列へのお礼**
突然の死で、急な知らせにもかかわらず参列してくれた弔問客にお礼を述べます。

②**故人の思い出**
差し障りのない範囲で最期のようすを述べ、故人の思い出やエピソードを語ります。

③**厚誼へのお礼**
家族が力を合わせていくこれからの決意を述べ、今後の引き立てをお願いします。

喪主のあいさつ

子どもを失った親のあいさつ

話し手
父
50代

故人
息子
病死
10代

1分30秒

①本日はご多用中のところ、またお足もとの悪いなか、息子○○の葬儀に多数ご参列いただきまして、ありがとうございました。

おかげさまをもちまして、式をつつがなく執り行うことができました。心よりお礼申し上げます。

②息子の○○は一昨日病院で、17歳の生涯を終えました。白血病でした。

現在は医学が発達し、骨髄移植など希望が持てる時代になりました。

○○は将来弁護士になる夢がありましたので、病床でも一生懸命に勉強しておりました。辛い治療にも耐えて、愚痴ひとつ言わない気丈なところがある子でした。

私たち家族も○○も、最後まであきらめずに、いろいろな可能性に賭けてきましたが、ついに力尽きました。

親としては悔やみきれませんが、精一杯闘った息子に、今はゆっくりお休みといってやりたい心境です。

③生前は息子がご厚情を賜りまして、ありがとうございました。

息子に代わり、お礼を申し上げます。

本日は最後までお見送り、ありがとうございました。

あいさつの流れ

①参列のお礼
天気の悪いなかを参列してくれた弔問客にお礼の言葉を述べます。

②闘病のようす
闘病のようすや、故人のエピソードなどを語ります。短い言葉でたんたんと語ると、感傷的にならずに身内の気持ちが伝わります。

③厚誼へのお礼
これまでの厚誼のお礼を故人に代わって述べます。

喪主のあいさつ

入院中のお礼にも触れたあいさつ

話し手
妻
60代

故人
夫
病死
70代

1分30秒

①本日はご多忙中のところ、故○○○○の葬儀・告別式にご参列くださいまして、ありがとうございました。

おかげさまで、無事に葬儀を執り行うことができました。

②夫は5年前に大腸がんを宣告され、本人もそれを知って闘病につとめてまいりました。

入退院を繰り返し、長い入院生活となりましたが、9月15日午後5時7分、ついに帰らぬ人となりました。

ここ数年は、私も看病のため、病院と家の往復でしたが、病院関係者のみなさまには大変よくしていただき、心より感謝しております。

夫は孤独を嫌う人でしたので、入院生活の中で、同じ病気で闘っている人たちと話をしたり、お互いに励まし合ったことが、どんなにか心の支えになったことでしょう。

③故人の入院中には、お心のこもったお見舞いの品や、温かい励ましのお便りをいただき、ありがとうございました。

本人もさぞや、喜んでいたことと思います。夫に代わりお礼申し上げます。今後もみなさまの変わらないご厚誼《こうぎ》をお願い申し上げます。

あいさつの流れ

①参列へのお礼
忙しいなかを弔問にきてくれた参列者へのお礼を述べます。

②故人のエピソード
故人の人柄や病気のようす、前向きに過ごした入院生活のようすなどを語ります。

③厚誼へのお礼
入院中にお見舞いに来てくれた人へ、本人に代わってお礼を述べて、今後の厚誼のお願いをします。

親族代表のあいさつ

故人の弟が喪主に代わって行うあいさつ

話し手
弟 70代

故人
兄 病死 80代

1分30秒

①私は故○○○○の弟の玲司と申します。

本日はお忙しいところ、兄○○の葬儀にご参列いただきまして、ありがとうございました。おかげさまをもちまして、式をとどこおりなく執り行うことができました。

本来ならば○○の妻和子がごあいさつ申し上げるところですが、体調を崩し、伏せておりますので、遺族を代表してひと言ごあいさつさせていただきます。

②兄は1年前に脳硬塞に倒れ、入院しておりましたが、一昨日4月25日帰らぬ人となりました。享年82歳でした。

右半身麻痺《まひ》となりましたが、リハビリは毎日がんばっていただけに、残念でなりません。6人兄弟で一番長老の兄、私は末の弟でしたので、兄には小さいころからよくかわいがってもらいました。最後まで人を思いやる心を忘れない優しい兄でした。

③今後も残された遺族に対して、これまでと変わらないご厚誼を賜りますよう、お願い申し上げます。

簡単ですが、ごあいさつとさせていただきます。

あいさつの流れ

①**参列へのお礼**
忙しいなかを参列してくれた弔問者へのお礼を述べ、喪主に代わる理由と自己紹介をします。

②**故人のエピソード**
親族の立場から故人のエピソードや温かかった人柄、最期のようすなどを語ります。

③**厚誼のお願い**
親族を代表し、遺族に対する今後の厚誼をお願いします。

最後のお別れと出棺のしかた

最後の対面

告別式が終わったら、一般の会葬者は外に出て出棺《しゅっかん》を待ち、式場内では遺族と親族が故人との最後の対面を行います。

葬儀社の担当者が棺のふたを開け、近づくように促しますから、喪主が最も近づき、関係の深い順にとり囲みます。このあと担当者が、供花の花の部分をお盆にのせて差し出してくれるので、遺族や親族はそれを受け取って遺体の横に静かに置いていきます。「別れ花」とも呼ばれるこのしきたりは、故人の顔を見られる最後になりますので、つらい対面でもすすんで臨みましょう。

最後のお別れをするのは原則的には遺族と親族ですが、参列者の中で故人と対面したいと申し出があったら、対面してもらいましょう。

このとき故人の愛用品を入れてもかまわないと、葬儀社の担当者から促されたら、それに従いますが、メガネやアクセサリーなど燃えにくいものは避けましょう。故人が特に愛用したものだからと担当者に隠れて入れたりする遺族がいますが、火葬の設備を傷つけるなど大事になることもあるので、絶対避けましょう。棺《ひつぎ》に入れるときは、入れていいものかよくないものか担当者に聞いてから入れるようにしましょう。

メガネやアクセサリーなどの小物であれば火葬のあと、骨壺の中に入れてお墓に納める方法があります。

釘打ちと出棺

最後の対面がすんだら、喪主から血縁の深い順に小石で釘を打ちます。

釘打《くぎう》ちは形式的なものですから、2回くらい軽く打てば十分です。あとは葬儀社の担当者にまかせます。

このあと遺族・親族の男性6名くらいが棺を霊柩車《れいきゅうしゃ》に運びます。自宅であれば、棺は玄関以外から出すのがしきたりです。これは、「死者の霊が玄関から戻ってこないようにする」、「非日常的な行為によって死を隔離する」という意味があると言われています。

出棺時の遺族のあいさつ

棺を霊柩車に乗せたら、遺族は式場に背を向け会葬者に向かって代表者が参列のお礼を述べます。あいさつのときは、遺族が位牌《いはい》と遺影を会葬者に向けて持ち、喪主か親族の代表者がお礼のあいさつをします。

出棺時のあいさつ

喪主か親族代表が行う

出棺時のあいさつは、葬儀の施主であることの多い喪主が務めるのが常識的です。ただし、喪主が高齢だったり、悲しみが深く冷静でいられない場合は、遺族が代わったり、親族の代表者が行うこともあります。

葬儀・告別式の終了時に行うあいさつを省き、最近は出棺《しゅっかん》時のあいさつだけですます形式が増えていますから、「出棺時のあいさつ」は施主側が会葬者に感謝の気持ちを伝えられる唯一の機会となります。

臨終《りんじゅう》から出棺まで、心を落ち着かせるにはあまりにも少ない日数ですから、十分な準備は難しいでしょうが、感謝の気持ちだけはとどこおりなく伝えられるように話したいことを整理して臨みたいものです。

簡潔にポイントを押さえて

喪家からのあいさつのポイントは、「**①会葬のお礼**」「**②故人への厚誼のお礼**」「**③今後のおつき合いのお願い**」が主テーマになります。

この3つを押さえればとりあえず失礼のないあいさつになりますが、故人の略歴などを簡単に紹介しても故人を見送るのにふさわしいものになります。

ただし、会葬者を立たせたままのあいさつになりますので、長いのは禁物。さらに、悲しみはわかりますが、あまり感情に流されると、会葬者にもただつらい思いをさせるだけなので冷静な口調で行いたいものです。

喪主のあいさつ

父親を亡くした長男のあいさつ

話し手
長男
50代

故人
父
病死
80代

1分30秒

①本日はこのような悪天候のなかを亡き父、○○○○○の葬儀・告別式にご参列いただき、ありがとうございます。
おかげさまでとどこおりなく式を終えることができ、ここに出棺の運びとなりました。
②この悪天候を迎え、ああ、父の葬儀にふさわしいと感じたのは私だけではないかもしれません。戦後すぐに事業を起こし倒産すること3回。それにもめげず4回事業を立ち上げて最後は会社を上場するまで発展させました。3回の倒産では、今日ご参列いただいた方にも大きなご迷惑をおかけしたことでしょう。それでも、立ち上がったエネルギーに息子ながら、いまはただ感心するばかりです。
③倒産のときばかりでなく、事業を進めていくなかで、みなさまには多大な迷惑をおかけし、多大なご恩を受けたことと存じます。父に代わりまして、生前賜りましたご厚誼にあらためて感謝しお礼申し上げます。
また、今後とも父の興したこの○○建設をよろしくお願いいたします。
本日はご参列ありがとうございました。簡単ではございますが、ごあいさつとさせていただきます。

あいさつの流れ

①参列のお礼
悪天候にもかかわらず参列してくれた弔問客にお礼を述べます。無事、式を終え出棺に至れた報告とお礼を述べます。

②故人の思い出
故人の業績や人柄などをエピソードを交えて語ります。身内ですからほめすぎない程度。ただし故人をおとしめる話は厳禁。

③厚誼へのお礼
故人へのこれまでの厚誼へのお礼と遺族への今後の引き立てをお願いします。

喪主のあいさつ

長年つき添った夫を送るあいさつ

話し手
妻 70代

故人
夫 70代 病死

1分30秒

①本日は厳しい暑さのなかを故○○○○の葬儀・告別式にご参列いただきまして、ありがとうございました。

おかげさまで、とどこおりなく式を終えることができ、ここに出棺《しゅっかん》の運びとなりました。

故人が生前に賜りましたご厚誼《こうぎ》に故人に代わりまして、心より感謝申し上げます。

②夫は3月11日午前2時3分、家族に看取《み》られながら息を引き取りました。享年《きょうねん》79歳でした。死因は胃がんでした。私ども家族は本人に病名を知らせるかどうか迷いましたが、高齢だったため、結局告知はしませんでした。手術も抗癌剤の投与もしませんでした。

それが本当によかったのかわかりませんが、最期は穏やかな顔で人生の幕をおろしました。あまり口数の多い人ではありませんでしたが、優しい父親であり、思いやりのある夫でした。

③加療中は、ごていねいなお見舞いをいただきまして、ありがとうございました。また、本日は最後までお見送りいただきまして、ありがとうございました。今後もご厚誼を賜りますよう、よろしくお願い申し上げます。

あいさつの流れ

①参列へのお礼
暑いなかを参列してくれたことへのお礼と、無事に葬儀・告別式が終了したことを報告します。

②故人の人柄
闘病のようすや、故人の性格、エピソードなどを語ります。悪口は言わないように気をつけます。

③見舞いへのお礼
病院生活が長い場合には、見舞い客へのお礼を述べ、今後の厚誼をお願いします。

喪主のあいさつ

母親を亡くした長男のあいさつ

話し手
息子 50代

故人
母 急死 80代

1分30秒

①遺族を代表してひと言ごあいさつ申し上げます。私は故〇〇〇〇の長男で晶夫と申します。

本日はお忙しいなかをご会葬いただきまして、ありがとうございました。おかげさまで、無事に葬儀を執り行うことができ、出棺の運びとなりました。

②母〇〇は、5月17日午前6時30分ごろ、心不全のため、自宅で逝去いたしました。享年86歳でした。もともと心臓に持病があったため、日常生活でも人一倍気をつけていたようなのですが、夜中、トイレから戻ったあと、倒れ込むようにして、そのまま亡くなっていました。

苦しんだようすがなかったのが、せめてもの救いです。

3年前に父が亡くなってからは、しばらく落ち込んでいましたが、最近は好きな楽器の琴を習いはじめて、元気を取り戻していただけに残念です。

③亡き母に代わりまして、生前に賜りましたご厚誼にあらためてお礼申し上げます。

本日はまことにありがとうございました。

あいさつの流れ

①**会葬へのお礼**
忙しいなかを会葬してくれた人へのお礼と、出棺の知らせを告げます。

②**最期のようす**
最期のようすを差し支えない範囲で語ります。エピソードなども添えるとよいでしょう。

③**厚誼への感謝**
故人が生前に受けた厚誼への感謝の意を述べます。最後にあらためて参列のお礼を述べて結びます。

喪主のあいさつ

幼い子を亡くした父親のあいさつ

話し手
父
40代

故人
娘
病死
5歳

1分30秒

①本日は、娘○○○の最後のお別れにたくさんのみなさんにお集まりいただきまして、ありがとうございました。
おかげさまでとどこおりなく式を終えることができ、ここに出棺《しゅっかん》の運びとなりました。

②○○○は走るのが大好きな、元気な女の子でした。それが4歳の春に突然原因不明の難病にかかり、だんだんと筋力が衰えていきました。そして一昨夜、とうとう天へ召されました。わずか5年間の短い生涯でした。
こんなに医学の発達した現代でも、治らない病気があること、打つ手のないもどかしさに、やりきれない気持ちになったことも一度や二度ではありませんでした。でも、○○○の無邪気な笑顔を見ると、心が洗われました。親としては悔やみきれませんが、いつまでも嘆いていては○○○に笑われそうです。

③お世話になった幼稚園の皆さん、病院の看護婦さん、今日は○○○の大好きだったチューリップの花をたくさん入れてくれてありがとう。○○○はきっと天国でみなさんのことを見守ってくれると信じています。本日はありがとうございました。

あいさつの流れ

①**参列へのお礼**
忙しいなかを会葬してくれた人たちにお礼の言葉を述べます。

②**幼い子の思い出**
子どもの死は親にとって相当なショックです。親としてむずかしいでしょうが、できるだけ感情的にならないように、たんたんと語ります。

③**厚誼へのお礼**
今までお世話になった人たちに、心を込めてお礼を述べます。

遺族のあいさつ

親族を代表した甥のあいさつ

話し手
甥 30代

故人
叔母 事故死 50代

1分30秒

①本日は叔母○○の葬儀・告別式にご焼香《しょうこう》くださいまして、ありがとうございました。ここに出棺の運びとなりました。

私は甥の光二郎と申します。

②叔母は一昨日、買い物の途中で事故にあい、急ぎ救急車で病院に運ばれましたが、その途中で呼吸停止になりました。享年《きょうねん》55歳。あまりに突然の死でした。

私は、子どもに恵まれなかった叔母に本当の子どものようにかわいがってもらいました。叔母は叔父が亡くなってから、趣味の生け花に磨きをかけ、とても充実した毎日を送っていました。

その叔母の声がもう聞けないなんて、まだ信じられない思いでいっぱいです。気持ちの整理がつくまではまだ少し時間がかかりそうです。

③本日は突然のことにもかかわらず、大勢のみなさまにご会葬いただきましてありがとうございました。心からお礼申し上げます。

これまでのみなさまのご厚誼《こうぎ》に感謝しますとともに、これからも変わらぬご厚情を賜りますよう、お願い申し上げます。

簡単ですが、ごあいさつとさせていただきます。

あいさつの流れ

①自己紹介
忙しいなかを葬儀に参列してくれたことへのお礼を述べ、あわせて故人との関係を紹介します。

②故人の思い出
事故のようすを簡単に述べ故人の人柄や思い出を語ります。突然の事への驚きは素直に表してよいでしょう。

③厚誼へのお礼
これまでの厚誼へのお礼と変わらない厚情をお願いします。

親族代表のあいさつ

喪主に代わって実兄のあいさつ

話し手
兄 60代

故人
弟 病死 60代

1分30秒

①本日はお忙しいなか、故○○○○のためにお運びくださいまして、ありがとうございました。おかげさまで、とどこおりなく式を終えることができ、出棺《しゅっかん》の運びとなりました。私は兄の雅夫と申します。

②弟は6月30日66歳で生涯を閉じました。病名は糖尿病による合併症です。若いころから食道楽で、酒好きで、好きなことをやってきました。サラリーマンは苦手だったらしく、30代で小さな町工場を経営し、裸一貫でやってきました。親分肌で面倒見が良く、若い者を連れては、よく飲み歩いていました。そんな無理がたたったのでしょう。7年前に糖尿病を患い、最近はげっそりとやせてしまいました。長年にわたる闘病生活でしたが、本人はもちろんのこと、義妹はじめ、家族も大変だったと思います。

今はゆっくり休んでくれと声をかけてやりたいです。

③みなさまには入院中にはいろいろとお見舞いをいただき、また本日は最後までお見送りいただきまして、ありがとうございました。

本人も草葉《くさば》の陰からさぞや喜んでいることでしょう。

遺族には今後もご厚情を賜りますようお願い申し上げます。

簡単ですが、ごあいさつとさせていただきます。

あいさつの流れ

①**参列へのお礼**
忙しいなかを葬儀に参列していただいたことへのお礼を述べます。

②**故人の人柄**
若いころから仕事やお酒に積極的だった故人の人柄を紹介し、本人は満足な人生だったろうと推測します。あわせて闘病のようすなどにもふれます。

③**厚誼のお願い**
見舞客へのお礼と今後も変わらない厚誼のお願いをします。

喪主のあいさつ

事故で夫を亡くした妻のあいさつ

話し手
妻 40代

故人
夫 事故死 40代

1分30秒

①ご参列のみなさま、本日は突然のことにもかかわらず、夫○○のためにご足労いただきまして、ありがとうございました。

おかげさまで、無事に葬儀を執《と》り行うことができ、出棺の運びとなりました。

②一昨日の朝、夫はいつものように工場へ出勤いたしましたが、思いもかけぬ落下事故により、帰らぬ人となってしまいました。享年48歳でした。

昨年工場の現場監督に就任したばかりで、これからという時の突然の事故でした。新しい仕事のために、毎日夜遅くまで勉強していた夫のことを思うと、私には、まだ信じられない気持ちでいっぱいです。

まだ、気持ちの整理がつくまでにはしばらく時間がかかりそうです。不手際がありましたら、お許しください。

③故人が生前に賜りましたご厚情に対しまして、心よりお礼申し上げます。

これからは子どもたちと共に、夫の分まで元気で生きていきたいと思います。今後とも変わらぬご厚情を賜りますよう、お願い申し上げます。

本日は最後までのお見送り、まことにありがとうございました。

簡単ですが、ごあいさつとさせていただきます。

あいさつの流れ

①参列者へのお礼
突然の出来事であるにもかかわらず、参列してくれたたくさんの人へお礼を述べます。

②事故のようす
突然の死の場合は、事情を簡単に説明します。まだ納得できない、信じられない気持ちは素直に語ってもよいでしょう。

③これからの決意
これからの決意を述べて、今後の厚情のお願いをします。

喪主のあいさつ

家業の後継者としてのあいさつ

話し手
長男 40代

故人
父 病死 70代

1分30秒

①本日は大変お寒いなかを、父○○○○のためにお集まりいただきまして、ありがとうございました。おかげさまをもちまして、葬儀ならびに告別式をとどこおりなく執り行うことができました。

②父は1月30日の夜、病院にて肝硬変のため死去いたしました。79歳でした。入院中は治療薬の副作用のため、苦しむこともございましたが、最期は家族が見守るなか、眠るように息を引きとりました。

元気なころは田島酒店の主人として、忙しい毎日を送っておりました。商店街のさまざまなイベントにも、自称、企画部長として積極的に参加しておりました。私はといえば、経営の一部を任されてはいたものの、父には頭が上がらない毎日でした。病気になってからも、父はいつも店のことを気にかけていました。本当に頼りない息子だったと思います。

③これからは、父の後を継ぎ、しっかりと店を守っていかなければならないと、決意を新たにしております。

父の生存中は、商店街のみなさまをはじめ、多くの友人の方にお世話になりまして、ありがとうございました。そして、今後とも、みなさまの変わらぬご厚誼をよろしくお願いいたします。

あいさつの流れ

①参列へのお礼
忙しいなかを葬儀に参列していただいたことへのお礼と、無事に葬儀が終了したことの報告をします。

②故人の家業
最期のようすを語ります。さらに故人の人柄を紹介しながら、家業に注いだ情熱を紹介します。

③決意と厚誼のお願い
家業の後継者としての心構えを語り、これまで以上の厚誼をお願いします。

親戚代表のあいさつ

入院中の喪主に代わってのあいさつ

話し手
弟 50代

故人
姉 病死 50代

1分30秒

①故人の弟の八代孝と申します。喪主である義兄が入院中のため、親族を代表して、ひと言お礼のごあいさつを申し上げます。

本日は姉○○○の葬儀・告別式にご参列いただきまして、まことにありがとうございました。おかげさまで、式はとどこおりなく終了し、出棺の運びとなりました。

②姉は一昨日乳がんのため亡くなりました。享年《きょうねん》59歳でした。姉は18歳で郷里鹿児島を離れ、美容師を目指して上京しました。タテ社会の中で苦労の多い人生だったと思いますが、20年前には、独立して自分の美容院を持つまでになりました。

気丈で、我慢強いところのある姉でしたから、たぶん少々具合が悪くても病院に行かなかったのだと思います。病院に行ったときには、すでに手のほどこしようがない手遅れの状態でした。

③どうかみなさまには、残された家族に対しまして、これからもご厚誼《こうぎ》を賜りますよう、お願い申し上げます。

本日はお忙しいなか、ご会葬いただきまして、まことにありがとうございました。

あいさつの流れ

①**参列へのお礼**
故人との関係を簡単に自己紹介したあと、喪主が入院中であるために代わってあいさつすることを説明し、参列へのお礼を述べます。

②**故人の人柄**
親族が知る故人の人柄や、若いころに苦労し成功した話などのエピソードを語ります。

③**遺族への厚誼のお願い**
親戚を代表して、遺族への厚誼のお願いをします。

世話役代表のあいさつ

故人の友人としてあいさつ

①栄商店会会長の上村政司と申します。和菓子の店をやっております。ご遺族、ご親戚に代わりまして、世話役代表としてひと言ごあいさつさせていただきます。

本日はお足もとの悪いなかを和装小物店井上の店主○○○○さんのご葬儀ならびに告別式にご参列くださいまして、まことにありがとうございました。おかげさまで式はとどこおりなく執り行うことができ、出棺の運びとなりました。

②○○さんは一昨日、肺炎のために亡くなりました。77歳でした。故人と私は幼なじみで、かれこれ60年近いつき合いになります。同じ地元の商店街で生まれ育った仲ですから、兄弟以上の関係といってもよいかもしれません。何でも相談できる相手として、ともに商店街発展のために頑張ってきただけに、今回のことは残念でなりません。

○○さんは古い習慣にとらわれず新しいものを積極的に取り入れる進取の気性がある方で、私もずいぶん刺激を受け、励まされてきました。

③これまで故人が賜りましたご厚情をどうかご遺族にも賜りますよう、お願いを申し上げて、ごあいさつとさせていただきます。

話し手
商店会会長
70代

故人
友人
病死
70代

1分30秒

あいさつの流れ

①参列者へのお礼
同じ商店街に店を構えているなどの自己紹介をしたあと、世話役を代表して、参列者へのお礼を述べます。

②故人との思い出
故人とのかかわりを明らかにしながら、商店街の発展に寄与した故人の功績を紹介します。

③厚情のお願い
これまで故人が受けてきた厚誼に感謝し、遺族への厚情をお願いします。

葬儀委員長のあいさつ

社葬での会社代表のあいさつ

話し手
葬儀委員長 60代

故人
会社社長 病死 80代

1分30秒

①西田建設専務の浅間正と申します。本日は葬儀委員長を仰せつかりましたので、遺族ならびに会社を代表いたしまして、ひと言ごあいさつをさせていただきます。

本日はお忙しいところ、また突然のことにもかかわらず、西田建設社長○○○○の葬儀にご会葬くださいまして、まことにありがとうございました。先ほどはお心のこもった弔辞を賜りまして、ありがとうございました。遺族ならびに会社を代表いたしましてお礼申し上げます。

②○○社長は、30年前にわが社を一代で起こした創業者です。社業を発展させるために全国を駆け回り、新技術を導入するなど、業界のパイオニア的存在でもありました。今後は故人の遺志《いし》を継ぎ、社業を発展させるように全社をあげてつとめてまいりたいと思います。

③関係者のみなさまには、故人の存命中と変わらないご指導とご鞭撻《べんたつ》をお願い申し上げます。また、遺族に対しましても、変わらないご厚情を賜りますよう、お願い申し上げます。

簡単ですが、ごあいさつとさせていただきます。本日はありがとうございました。

あいさつの流れ

①**参列者へのお礼**
葬儀に参列してくれた人へのお礼を遺族と会社を代表する立場から述べます。

②**故人の業績**
故人の積極的な人柄や創立時のエピソードなどを語りながら、その遺志を後輩たちが継いでいく決意を表明します。

③**厚情のお願い**
会社の関係者や遺族に対して、今後の厚情をお願いします。

喪主のあいさつ（キリスト教）

キリスト教式でのあいさつ

①本日はご多忙のなか、長女〇〇〇〇の葬儀にご参列くださいまして、ありがとうございました。

神父（牧師）さまをはじめ、大勢のみなさまに見守られるなかで、無事に葬儀を終えることができました。

おかげさまで、〇〇も安らかに神のみもとへ召されたことと思います。

②〇〇は生まれつき身体が弱く、ぜんそくの持病をもっておりました。

動物や植物が大好きな心の優しい子でした。自分が弱い分、小さな生き物やかよわい動物に心を寄せていたのだと思います。

最近では、趣味でスケッチを習いはじめ、天気の良い日には、お仲間とよく公園へ出かけておりました。

一昨日の夜中に突然ぜんそくの発作が起こり、神のみもとへ旅立ちました。22年の生涯でした。最期はやすらかに微笑んでいるようにさえ見えました。

③生前、みなさまにはご厚情を賜り、まことにありがとうございました。〇〇に代わりましてお礼申し上げます。

本日はありがとうございました。

話し手
父
60代

故人
娘
病死
20代

1分30秒

あいさつの流れ

①**参列者へのお礼**
キリスト教では死は神に召されることなので、「神のみもとに」という独特の表現を使います。カトリックが神父で、プロテスタントが牧師。

②**故人のエピソード**
故人の人柄を偲ばせるようなエピソードを語ります。

③**厚情へのお礼**
故人が生前に受けた厚情へのお礼を述べます。

喪主のあいさつ（神式）

神式でのあいさつ

話し手
夫 60代

故人
妻 事故死 60代

1分30秒

①本日はお足もとの悪いなか、また突然の知らせにもかかわらず、妻○○○○の葬場祭《そうじょうさい》にご臨席いただきまして、ありがとうございました。

心温まるお言葉をたくさんいただき、故人の御霊《みたま》もさぞや喜んでいることと存じます。

②妻は一昨日の夕方、買い物に出かけた帰りに交通事故に遭い、帰らぬ人となりました。あまりに突然のことなので、いまだに信じられない気持ちでいっぱいです。子どもたちもそれぞれ独立し、2年前には夫婦ふたりだけの生活となり、ようやくひと息ついたところでした。

決して豊かな生活とはいえず、妻には子育て中の家計のやりくりなどで、いろいろ苦労をかけてきました。

これからはふたりで旅行に行ったり、何か共通の趣味をさがして、老後を楽しもうと思っていた矢先だっただけに、残念でたまりません。

③生前は、みなさまにはひとかたならぬお世話になりました。故人に代わりまして、心よりお礼申し上げます。

今後とも変わらないご厚情を賜りますよう、お願い申し上げます。

簡単ですが、ごあいさつとさせていただきます。

あいさつの流れ

①参列者へのお礼
葬場祭へ参列してくれた人へのお礼を述べます。御霊とはたましいの意味で、神式独特の表現です。

⬅

②事故のようす
突然の事故の場合は簡単にようすを報告します。故人のエピソードも添えます。

⬅

③厚誼のお願い
生前に賜った厚誼へのお礼と、今後の厚誼へのお願いを述べます。

喪主のあいさつ

自由葬（音楽葬）でのあいさつ

話し手
息子
40代

故人
母
70代
病死

1分30秒

①本日は「〇〇〇〇〇を偲《しの》ぶ会」に大勢のみなさまにお集りいただきまして、ありがとうございます。

母の〇〇は、にぎやかなことが大好きな人だったので、天国でさぞや喜んでいることと思います。母に代わりまして、心よりお礼申し上げます。

②母〇〇は5月29日午後3時5分、入院先の病院で息を引き取りました。享年《きょうねん》71歳でした。

このたびの葬儀は、母の遺志を尊重し、このような形をとらせていただきました。葬儀場に母の大好きだったバラの花の祭壇をしつらえ、ＢＧＭに母の好きだったクラシック音楽を流しました。

母は長年、フラワーアレンジメントの教室をやっておりました。入院してからは、万が一の場合のこととして「自分が死んだら白い菊ではなく、赤やピンクのバラで祭壇をつくって、そして大好きなショパンの曲を流して、私を偲んでほしい」と申しておりました。父は3年前に他界しておりますが、兄妹で話しあった結果、遺言どおり、本日の運びとなりました。

③生前は母へご厚情を賜り、ありがとうございました。残された私たちにも変わらないご厚情を賜りますようお願い申し上げます。

あいさつの流れ

①**出席者へのお礼**
故人を偲ぶ会に出席してくれた人へのお礼を述べます。

②**故人の遺志**
自由葬が故人の遺志であることを明らかにしたうえで、遺族とともに偲んでもらうほうが、会葬者にも受け入れられやすいでしょう。

③**厚情のお願い**
生前の厚誼に感謝し、今後の厚情をお願いします。

世話役代表のあいさつ

自由葬の世話役代表のあいさつ

話し手
友人 60代

故人
友人 60代 病死

1分30秒

①本日はお忙しいなか、故〇〇〇〇君の「お別れ会」にご出席いただきまして、ありがとうございます。私は〇〇君とは高校時代からの同級生の松本悟と申します。

生前からの故人との約束で世話役を務めさせていただきました。お別れ会に先立ちまして、ひと言ごあいさつをさせていただきます。

②〇〇君と私は高校時代に野球部に所属していました。〇〇君は投手、私は捕手として甲子園を目指し、早朝練習、休日練習、合宿と寝食をともにした仲でした。残念ながら甲子園はあと一歩のところで出場はかないませんでしたが、同級生の結束は堅く、年を取ってからも毎年のように同窓会を開いていました。3年前に同級生の一人が亡くなり葬儀に参列したあとで、私は〇〇君から形式だけの葬式はやらないで欲しいと頼まれたのです。

そして、ご遺族からも要望がありましたので、本日、祭壇の横に「〇〇高校野球部の思い出コーナー」をつくらせていただきました。

③ここには〇〇君の高校時代の思い出がつまっています。ご参列のみなさまにご覧いただければ、故人の何よりの供養《くよう》になることと思います。

また、ご遺族のみなさまへの変わらぬご厚誼《こうぎ》をお願いいたします。

あいさつの流れ

①**参列へのお礼**
「お別れ会」に参列してくれた人へのお礼と自己紹介をします。

②**故人の思い出**
故人の思い出と、自由葬にした経過などを簡単に述べます。遺族からも要望があったことを断ります。

③**遺族への厚誼のお願い**
世話役の立場から遺族への変わらない厚誼のお願いをします。

火葬場でのしきたり

火葬場へ向かう

式場で出棺《しゅっかん》のセレモニーを行ったあと、霊柩車《れいきゅうしゃ》を先頭に、喪主と遺族、親しい友人が分乗して、火葬場に向かいます。

一般的には位牌《いはい》を持った喪主が霊柩車に乗り、ハイヤーに僧侶《そうりょ》と遺影《いえい》を持った遺族代表が、マイクロバスに残りの遺族や故人の友人たちが乗ります。

このとき忘れてはならないのが「火葬許可証《かそうきょかしょう》」です。この書類がないと火葬することができません。最近では、葬儀社が預かり、火葬場の事務所に提出してくれるケースがほとんどなので、遺族はただ「火葬許可証というものがないと、火葬してくれない」という事実だけを頭に入れておきましょう。

納《おさ》めの式を行う

棺《ひつぎ》は霊柩車から降ろされると、火葬炉の前に置かれます。その前には祭壇用の小机があるので、位牌、遺影などを飾ります。

ここで故人と最後のお別れをします。僧侶が同行した場合ははじめに読経《どきょう》があります。読経中に喪主から故人と縁が深い順に全員が焼香《しょうこう》をして、故人に最後の別れを告げます。

納めの式が終わり、棺をかまどに納めるときには合掌《がっしょう》をして見送ります。

控え室で待つ

火葬場の施設にもよりますが、早くても火葬には40～50分かかります。

その間、遺族は控え室で、酒や茶菓で参列者をもてなします。

控え室では、最上席には僧侶に座っていただきます。この間に今後の法要についても相談しておくとよいでしょう。

「骨上《こつあ》げ」を行う

火葬が終わったあとの遺骨を骨壷に納める儀式を「骨上げ」といいます。儀式はかまどの前、または別室で行います。

骨上げは一般的には木と竹の箸（または竹の箸《はし》のみ）を一対にして2人1組になって行います。

これは「はし渡し」といい、故人が「三途《さんず》の川」を渡れるように願いが込められています。

正式には男女2人が1組になり、1、2片拾ったら次の人に回します。いちばん最後に、故人と最もつながりの深い人が「のど仏」を拾います。遺骨は残らず大きな骨壷《こつつぼ》に納めます。地域によってはのど仏だけを納める場合もあります。地域の風習にあわせてしきたりを慣行します。

分骨を希望する場合は事前に葬儀社に申し出て分骨用の骨壷を用意してもらいます。

骨上げが終わったら喪主は遺骨を抱えて帰途につきます。

遺骨を迎え、精進落としをする

遺骨迎えの準備をする

遺族が火葬場に行っているあいだに、留守役はあと飾りの祭壇《さいだん》をしつらえます。あと飾り祭壇は2段か3段が一般的で、小机や箱などに白い布をかけて作ります。

四十九日の忌明《きあ》けまで位牌《いはい》や遺骨を仏壇《ぶつだん》に納められないので、その間安置しておくためのものです。

あと飾りの祭壇をしつらえたら留守役の人は火葬場から帰ってきた人の身を清めるための塩と水を用意します。

火葬場から帰ったときは、玄関先で塩と水を使って身を清めるのがしきたりです。お清めは留守役の人にやってもらいます。指先に水をかけてもらい、塩をひとつまみ胸のあたりと背中にかけてもらいます。

塩は喪服の生地を傷めやすいため、最近では玄関先に塩を敷き、それを踏んで清めるという方法がとられる場合もあります。

還骨法要《かんこつほうよう》（還骨回向《えこう》）を行う

僧侶《そうりょ》に火葬場まで同行してもらった場合は遺骨を迎えたあとで、還骨回向を行い、お経をあげてもらいます。読経《どきょう》中に喪主から順に全員で焼香《しょうこう》して、故人の冥福《めいふく》を祈ります。

「初七日法要」は故人が死亡した日から数えて七日目にあたる忌日で、仏教でははじめて法要をする日とされています。しかし最近では、遠方からの親族などへの配慮から還骨回向と併せて、その日のうちに行うのが一般的になっています。これを「付七日《つけなのか》」または「繰り上げ初七日」と呼んでいます。

精進《しょうじん》落《お》としを行う

人が亡くなったあと七日ごとに法要を営み、「七七忌《しちしちき》」までの間は「忌日《きじつ》」とされ、その間遺族は肉や魚などを断ち精進料理で過ごし、四十九日の忌明けとともにふだんの食事に戻ります。このとき酒宴を設けて親類縁者などにふるまう風習がありました。それが精進落としの本来の意味です。

現代ではそのような意味合いは薄れ、遺骨迎えの後に僧侶をはじめ葬儀でお世話になった人たちを慰労するための宴席を「精進落とし」と呼んでいます。「付七日」のあとに精進落としの席を設けるのが一般的です。

僧侶や世話役が主賓となる

精進落としの席では、席順が変わることを心得ておきましょう。これまでは喪主が最上席に座っていましたが、この精進落としは末席になります。

通夜・葬儀でお世話になった方々へのお礼の気持ちを込めて喪主や遺族が接待する席ですから、僧侶や世話役が来賓になります。

喪主は僧侶を最上席にご案内し世話役の人たちに上座をすすめます。

喪主をはじめとする遺族は、入り口に近い側の下座に座ります。

参列者全員が着席したら、喪主か、親戚代表が感謝の気持ちを込めてあいさつをします。

精進落《しょうじんお》としのあいさつ

お世話になったことへのお礼の席を設ける

還骨法要《かんこつほうよう》や付七日の後には、僧侶《そうりょ》やお世話になった方への感謝の気持ちを込めて、精進落としの宴席を設けます。

精進落としは、遺族や親族が参列者を慰労する席なので、僧侶が精進落としに同席する場合には最上座に案内し、遺族は末席に座ります。

全員が席に着いたら、宴の前に喪主または遺族代表があいさつをします。

開始のあいさつはお世話になったことへのお礼を中心に

参列者は、通夜から告別式、還骨回向までずっとお世話になった方たちなので、感謝の気持ちを込めてあいさつします。ポイントは次の3点です。

①葬儀一切がとどこおりなく済んだことの報告と、お世話になったことへのお礼と慰労
②変わらぬ厚情のお願いと現在の心境など
③精進落としの膳をすすめ、ゆっくりくつろいでもらう

僧侶が精進落としに同席している場合には、献杯の前に法話などをお話していただきます。

あいさつが終わったら、喪主や遺族は席を回って参列者にお酒などをすすめながらお礼のあいさつをします。

お開きのあいさつをする

精進落としは1～2時間で切り上げるようにします。みんな疲れていますし、翌日仕事の人もいるので、ころあいを見計らって、お開きのあいさつをします。

喪主のあいさつ

長男の精進落としのあいさつ

話し手
長男 40代

故人
母 病死 70代

1分30秒

①本日は母○○○の葬儀に際しまして、みなさまに大変お世話になり、ありがとうございました。

おかげさまで、とどこおりなく葬儀・告別式の一切を無事に終えることができました。

故人もさぞ喜んでいることと存じます。遺族一同より、あらためて心よりお礼申し上げます。

②母はとても陽気な性格で、少々の苦労は笑って吹き飛ばしてしまうという豪快な面がありました。

いつも家族の面倒をみてくれていた母の笑顔が見られなくなってしまい、わが家は急に寂しくなると思います。

どうかみなさまには、母の存命中と変わらぬおつき合いを賜りますよう、お願い申し上げます。

③長時間にわたりおつき合いくださり、お疲れのことと存じます。

ささやかではございますが、精進落としの膳をご用意いたしました。

どうぞごゆっくりとおくつろぎください。

本日はまことにありがとうございました。

あいさつの流れ

①**参列へのお礼**
長時間お世話になったことへのお礼を述べて、葬儀の終了を報告します。

②**厚誼のお願い**
故人の思い出を語りながら、遺族への今後の厚誼のお願いをします。

③**精進落としの膳のすすめ**
疲れている世話役のみなさんをいたわりながら、精進落としの膳をすすめくつろいでいただくよう、お願いします。

喪主のあいさつ

妻からのお礼のあいさつ

①このたびは、夫○○○○の葬儀に際しまして、ひとかたならぬご尽力を賜りまして、まことにありがとうございました。

みなさまのお力添えを得まして、本日とどこおりなく葬儀・告別式をすませることができました。

故人になり代わりまして、心よりお礼申し上げます。

②ご住職さまには、さきほどありがたいお経《きょう》をいただき、ありがとうございました。厚くお礼申し上げます。

また世話役として諸事万端にわたりお世話くださいました後藤さま、山田さま、内藤さまにはあらためてお礼申し上げます。みなさまがたのお力添えに遺族一同、心より感謝申し上げます。

夫も長年の患いから解放されて、今は天国でゆっくりと休んでくれていることと思います。

みなさまがたには夫の存命中と変わらぬご厚誼を賜りますよう、心からお願い申し上げます。

③長時間、さぞお疲れのことと存じます。心ばかりの席をご用意させていただきました。どうぞ、おくつろぎのひとときをお過ごしください。

話し手
妻
60代

故人
夫
病死
70代

1分30秒

あいさつの流れ

①**参列へのお礼**
長時間にわたり、葬儀に参列してくれた人たちへ、慰労と感謝の言葉を述べます。

②**厚誼のお願い**
僧侶へのお礼を述べたあと、世話役にお世話になった場合は具体的に名前をあげてお礼を述べます。

③**精進落としの膳のすすめ**
精進落としの席への案内をし、慰労の言葉をかけます。

喪主のあいさつ

息子を亡くした父親のあいさつ

話し手
父 70代

故人
息子 事故死 40代

1分30秒

①みなさま本日はまことにありがとうございました。
おかげさまで、無事葬儀ならびに告別式を終えることができました。

これもみなさまのお力添えのおかげです。

あらためてお礼申し上げます。

②息子が突然、まだ40代の若さで、しかも育ち盛りの子どもを遺《のこ》して逝《い》くとは、まったく信じられない出来事でした。
親が子を見送ることになろうとは思ってもみませんでしたので、取り乱したところもあり、失礼いたしました。

みなさんのおかげで、気持ちがだいぶ落ち着いてまいりました。

これからは遺された家族で支えあって生きてまいりたいと思います。

今後もみなさまご厚情を賜りますよう、お願い申し上げます。

③長時間おつき合いいただきまして、ありがとうございました。
ささやかではございますが、酒肴の席をご用意いたしました。

ごゆっくりとおくつろぎくださいまして、精進落としをしていただければと存じます。

本日はまことにありがとうございました。

あいさつの流れ

①**参列へのお礼**
葬儀一切がとどこおりなく終了したことを報告し、参列へのお礼を述べてます。

②**厚誼へのお願い**
突然死の場合は、まだとまどい中にある現在の心境を素直に述べます。

そのうえで今後の決意を述べ、厚誼のお願いをします。

③**精進落としの膳への案内**
長時間おつきあいいただいたことへの礼を述べて膳席へ案内します。

喪主のあいさつ

長女からのお礼のあいさつ

話し手
長女
50代

故人
父
病死
80代

1分30秒

①本日は長時間にわたってご尽力いただきまして、ありがとうございました。ご住職さまをはじめ、世話役の方々のおかげで、葬儀一切をとどこおりなく済ませることができました。心から厚くお礼申し上げます。

②告別式には老人会の方や、最近、父が趣味ではじめた俳句仲間の方々、戦友の方など、大勢の方が駆けつけてくださいました。

そして、最後まで残ってくださったみなさんが、こんなに大勢いらっしゃることに心から感謝いたします。

あらためて、父の人生の長さと交友範囲の広さに驚かされました。

父は、こんなに大勢のお仲間たちに囲まれて、幸せな人生だったと思います。

今後とも父の生前と変わらぬおつき合いを賜りますよう、お願い申し上げます。

③ささやかではございますが、精進落としの席をご用意しております。

どうか、ごゆっくり召し上がってください。

そして私の知らない父の話などをお聞かせいただければと存じます。

本日はまことにありがとうございました。

あいさつの流れ

①**参列へのお礼**
長時間お世話になったことへの感謝の気持ちを述べます。僧侶や世話役を名指しし感謝の言葉を捧げます。

②**厚誼のお願い**
故人のエピソードを語り、今後も変わらないおつき合いをお願いします。

③**精進落としの膳への案内**
精進落としの膳席へ案内し、くつろいでいただくように言葉をかけます。

喪主のあいさつ

後継者としてお礼のあいさつ

話し手
長男 50代

故人
父 病死 70代

1分30秒

①みなさま、本日はたいへんお世話になり、まことにありがとうございました。おかげさまをもちまして、とどこおりなく葬儀一切を済ませることができました。ご法話もありがたく聞かせていただきました。

亡き父もみなさまのご厚志《こうし》に感謝していることと存じます。故人に代わりまして、心からお礼申し上げます。

②父は老舗の菓子屋の3代目として、多忙な日々を送っておりました。やり手の父は、長男の私にとっては特別な存在でした。

これからは、私が父の遺志《いし》を継いで、家業をもり立てていかなければならないと、決意をあらたにしているところでございます。

みなさま方には、どうかこれまで以上のご指導、ご支援を賜りますよう、お願い申し上げます。

③みなさまへの感謝のしるしといたしまして、ささやかではございますが、お膳を用意いたしました。

ごゆっくりとおくつろぎいただき、故人の思い出などをお聞かせいただければと思います。

本日はお力添えをありがとうございました。

あいさつの流れ

①参列へのお礼
無事に葬儀一切を終えたことへの感謝の気持ちを、力添えしてくれたみなさんに率直に述べます。

②今後のお願いと決意
店の4代目として、故人の遺志を継ぐ決意を表明するとともに、これまで以上の引き立てをお願いします。

③精進落としの膳のすすめ
精進落としの膳をすすめ、慰労の言葉をかけます。

喪主の妻に代わって叔父のあいさつ

話し手
叔父 60代

故人
甥 事故死 30代

1分30秒

①みなさま、本日はお疲れさまでございました。
ただ今の還骨法要《かんこつほうよう》を持ちまして、おかげさまで葬儀一切をとどこおりなく済ませることができました。

私は故人の叔父である中曽根裕一と申します。

喪主の茉莉は伏せておりますので、親戚を代表し、遺族に代わりまして厚くお礼申し上げます。
②甥の○○が突然の事故で他界し、今、残された家族は、大黒柱を失い、呆然とした気持ちでいることと思います。
私も遺族のことを思うといたたまれない思いでいっぱいです。

家族を何よりも大切にしていた○○のことです。きっと天国で家族を見守ってくれると信じています。

どうかみなさまには、今後も中曽根家の残された家族の心の支えとなっていただけますよう、心からお願い申し上げます。
③みなさまには長時間にわたり、さぞお疲れのことと存じます。
心ばかりの席を設けましたので、精進落としをしていただきたいと存じます。本日はありがとうございました。

あいさつの流れ

①葬儀の報告とお礼
葬儀がとどこおりなく終わったことの報告とお礼を述べます。突然の死であったため喪主の妻がショックで同席できないことを詫びます。

↓

②遺族への厚誼のお願い
残された遺族を気づかう言葉を述べて、今後の厚誼のお願いをします。

↓

③精進落としの膳のすすめ
慰労の言葉を述べて、精進落としの膳をすすめます。

親族のあいさつ

喪主の妻に代わって甥のあいさつ

話し手
甥 40代

故人
叔父 病死 70代

1分30秒

①みなさま、本日は大変お疲れさまでした。おかげさまをもちまして、故○○○○の葬儀一切をとどこおりなく終了いたしました。

私は故人の甥にあたります山口竜太と申します。

喪主の叔母晴美が気分がすぐれず別室で休んでおりますので、代理として、ひと言ごあいさつさせていただきます。

②叔父夫婦は子どもに恵まれなかったため、私たち兄妹はとてもかわいがってもらいました。小さいころは、よく泊まりがけで遊びに行ったものでした。

叔父が長患いしてからは叔母は献身的に介護をしておりました。

このたびのことが重なり、叔母は長年の疲れが出てしまったのかもしれません。

みなさまにおかれましては、どうか叔父亡き後の叔母を支え、励ましていただきますようお願い申し上げます。

③本日は最後までおつき合いいただきまして、ありがとうございました。

心ばかりの席を設けましたので、召し上がりながら、ゆっくりとおくつろぎください。

あいさつの流れ

①葬儀終了の報告
葬儀終了の報告と、故人との関係、喪主があいさつに出られない理由などを述べます。

②故人の思い出
故人のエピソードを述べ、親族の立場から遺族を気づかう言葉と、今後の厚誼のお願いをします。

③精進落としの膳のすすめ
最後までお世話になったことへのお礼を述べて、精進落としの膳をすすめます。

親族のあいさつ

姪からのお礼のあいさつ

話し手
姪 40代

故人
叔母 病死 80代

1分30秒

①みなさま、本日はお疲れさまでございました。

おかげさまで、故〇〇〇〇のお通夜から還骨法要《かんこつほうよう》まで、葬儀一切をとどこおりなく終えることができました。

これもひとえにみなさまのお力添えによるものと、心より厚くお礼申し上げます。私は姪の華と申します。

本来は喪主である叔父がごあいさつ申しあげるところですが、叔父が高齢のため、故人に代わりまして、私からひと言ごあいさつさせていただきます。

②叔母の入院中はひとかたならぬお世話になりまして、ありがとうございました。日ごろ近所でおつき合いのある方がよく面倒を見てくださったと聞き、感激いたしました。

叔母もどんなにか心強かったことと思います。

これからも遺族に対しましては変わらぬご厚誼《こうぎ》を賜りますよう、お願い申し上げます。

③ささやかながらお食事の席をご用意いたしました。どうかゆっくりとおくつろぎになり、故人を偲《しの》んでいただきたいと思います。

あいさつの流れ

①**葬儀終了の報告**
葬儀終了の報告とお礼を述べ、簡単な自己紹介をします。喪主に代わってあいさつすることを断ります。

②**故人のエピソード**
故人のエピソードを語り、遺族に対して今後も厚誼を賜るようお願いをします。

③**料理のすすめ**
長時間お世話いただいた方の労をねぎらいながら、精進落としの料理をすすめます。

親族のあいさつ

弟からのお礼のあいさつ

話し手
弟 60代

故人
姉 老衰 80代

1分30秒

①本日は故○○○○の葬儀・告別式、ならびに還骨法要まで、長時間にわたりお世話いただきまして、まことにありがとうございました。おかげさまで、葬儀の一切をとどこおりなく終えることができました。

私は故人の弟の松本和人と申します。親族を代表いたしまして、ひと言ごあいさつさせていただきます。

②姉は一昨晩の夜、自宅で眠るように息をひきとりました。85歳、老衰でした。しっかり者で、最後までだれにも迷惑をかけることなく、天国にまいりました。

私と姉は親子ほども年が離れていました。姉は六人兄妹の長女で私は末の弟でしたから、私は姉に育てられたようなものです。母が他界してからは、余計に何でも姉に頼りっぱなしでした。今後とも遺族に対しましては、変わらないご厚誼をお願いいたします。

③形ばかりですが、精進落としの席をご用意いたしました。

どうぞ、ごゆっくりとおくつろぎくださいまして、精進落としをしていただければと思います。

本日はまことにありがとうございました。

あいさつの流れ

①**参列へのお礼**
長時間お世話になったことへのお礼を述べて、簡単な自己紹介をします。

↓

②**故人の思い出**
故人のエピソードを紹介し、遺族に対しての変わらない厚誼のお願いをします。

↓

③**精進落としの膳のすすめ**
精進落としの膳に案内し最後にお礼を述べます。

葬儀のあとの始末をする

世話役から事務の引き継ぎを行う

葬儀が終わり次第、遺族は世話役にお願いしていた事務を引き継ぎます。

引き継ぐものは

①弔問・会葬者の名簿
②香典《こうでん》・香典帳
③供物・供花《くげ》の記録帳
④弔辞と弔電
⑤会計報告（出納帳）などです。

香典帳と出納帳は不明点があるとあとでしこりが残るため、両者が立ち会い、その場でチェックするようにします。

また、世話役や手伝ってくれた人たちに立替金がないかを確認します。例えば、夜食や飲物を買ってきたり、足りない文房具を揃えたりしてくれた人がいないか、主だった世話役の人によく聞くことが大切です。少額だと、申し出にくいものなので世話役代表の人によく聞き、くれぐれもそうしたことがないようにします。もし、立て替えがあれば早急に支払いを済ませます。

領収書は整理してとっておく

葬儀にかかわる費用は相続税の計算の際に控除の対象となるので、領収書はきちんと整理して、とっておくようにします。

葬儀費用には、ふるまい料理、

香典返し、寺院のお布施なども含まれています。僧侶には「おしるしをお願いします」と頼み、領収書をいただいておくとよいでしょう。

葬儀費用の支払いをする

次に葬儀社への支払いを済ませます。葬儀社への請求書の明細を確認したうえで、支払いの手続きをします。葬儀が終わって、2〜3日後に担当者が家に取りに来るのが一般的です。

昼夜を問わずに協力してくれた葬儀社の担当者には、心づけを渡したいという遺族もいますが、最近の葬儀社は受け取らないことが多いようです。

寺や斎場を借りた場合には、その使用料も支払います。

また、葬儀社や町内会などで借用したテントや仏具などが残っていないかどうかも確認します。残っているものがあればすみやかに返却します。

僧侶への謝礼をする

葬儀が終わったら僧侶のところへあいさつに伺いますが、その時に謝礼を持参します。

当日支払わない場合は、日を改めて寺に伺います。

謝礼は奉書紙か半紙に包んで弔事用の水引きをかけるか、白い角封筒に入れます。仏式なら「御布《おふ》施《せ》」「御経料《おきょうりょう》」とします。

勤務先、上司、近所でお世話になった人などのところへはあいさつ回りをします。一般の会葬者に対しては、なるべく早く会葬礼状を出すようにします。

近所へのあいさつ

お礼は初七日までに

葬儀後お世話になった方へのお礼のあいさつは、葬儀の翌日か、翌々日に、遅くとも初七日までには済ませるようにします。

気をつかわせたことへのお礼

自宅で通夜や葬儀を行った場合には、近所のあいさつ回りは欠かせません。

自宅以外で葬儀を行った場合も車の往来や人の出入りがあり、気をつかわせているので、必ず隣近所へあいさつ回りをするようにします。

あいさつは誠意を込めて

近所へのあいさつのポイントは次の3点です。

①葬儀が無事に終わったことの報告
②近所が騒がしくなり、気をつかわせたことへのお詫び
③今後のおつき合いのお願い

などが中心になります。

誠意のしるしとして、簡単な手土産などを持参してもよいでしょう。葬儀後のことですから、長居は無用、顔を見て、お礼を申し上げ、簡単にいきさつを話したら失礼するようにしましょう。

◆近所へのあいさつ

おかげさまで、葬儀一切を無事に済ませることができました。このたびは、車や人の出入りなどで、いろいろご迷惑をおかけして、申し訳ございませんでした。

これはほんのお詫びのしるしです。どうぞお納めください。


このたびは、いろいろお手伝いをしていただき、ありがとうございました。おかげさまで葬儀はとどこおりなく、終了いたしました。

これは、心ばかりのお礼です。どうぞ、お納めください。

今後もよろしくお願いいたします。


このたびは夫○○の葬儀に際し、いろいろお手伝いいただきましてありがとうございました。

また葬儀の際は、人の出入りが多く、大変お騒がせいたしまして、申し訳ございませんでした。

心ばかりの品をお持ちいたしました。どうぞお納めください。

今後ともよろしくお願いいたします。

ポイント

●葬儀が無事に済んだことを報告し、いろいろと気づかいいただいたことに感謝します。
●車や人の出入りなどで迷惑をかけたことをお詫びします。
●あいさつの最後に手土産を手渡します。
●手伝いをしていただいた場合にはそのことへのお礼を述べます。
●今後のつき合いのお願いをします。

僧侶へのお礼のあいさつ

葬儀でお世話になったことへのお礼を中心に

葬儀に際しては、通夜から告別式、還骨法要、場合によっては、付七日、精進落としまで、一切のお世話になるのが、僧侶です。

葬儀のあと、精進落としのあとなどにお礼は述べているでしょうが、葬儀が終わったら、あいさつに出向き、ていねいにお礼の言葉を述べるのがマナーです。

僧侶に対しては謝礼が必要で、（113ページ参照）葬儀当日に渡す場合が多いですが、後日あらためる場合は、翌日か翌々日、遅くとも初七日までには、お礼のあいさつに出向くようにします。

喪主が出向くのが一般的

あいさつには喪主が出向くのがふつうですが、場合によっては、遺族や親族が代理をつとめてもよいでしょう。

あいさつの内容は次の3点です。

①何度も足を運んでもらったことへのお礼

②葬儀が無事に済んだことへの報告

③法事についての相談

などが中心になります。

寺とは1回切りのつき合いというわけではなく、墓がある限り続くつき合いになるので、丁重にあいさつすることが大切です。

◆僧侶へのお礼のあいさつ

このたびは何度も足をお運びいただきありがとうございました。おかげさまでつつがなく葬儀一切を終えることができました。

これは心ばかりのお布施《ふせ》でございます。どうぞお納めください。


このたびはありがたいお経とご法話をいただき、ありがとうございました。

おかげさまで無事に葬儀を終えることができ、故人も安らかに眠りについたことと存じます。

これは心ばかりのお礼でございます。どうぞお納めください。

後日の法要の件につきましては、あらためてお伺いし、ご相談させていただきたいと存じます。

今後ともよろしくお願いします。


四十九日の法要につきましては、あらためてご相談させていただきます。

その節はよろしくお願いいたします。

ポイント

●葬儀一切を通してお世話になったことへのお礼が中心になります。
●戒名料、読経料をまとめて「お布施」として渡します。
●お礼の表書きは「御礼」「御回向料」「御礼」などと書きます。
●「ありがたいお経とご法話をいただいた」はお礼の言葉の決まり文句。
●「四十九日」などの法要についても相談します。こちらの希望日を準備していけば、話はスムーズに進みます。

世話役へのお礼のあいさつ

あいさつは初七日までに

葬儀に際して終始お世話になった世話役へは、葬儀終了後にあいさつにうかがいます。

あいさつは葬儀の翌日か、翌々日、遅くとも初七日までには済ませるようにします。

世話役を引き受けてくれたことへの感謝を伝える

世話役へのあいさつは、忙しいなかを世話役を引き受けていただいたことへの感謝の気持ちが中心になります。

世話役や葬儀委員長に謝礼を渡す場合には、あいさつ回りの際に渡します。

お礼の表書きは、「御礼」「志」などとします。

弔辞をいただいた方には、弔辞へのお礼も申し添えます。

あいさつは簡潔に

世話役へのあいさつは、心よく引き受けてくれた感謝の言葉を伝えます。ポイントは次の3点です。

①忙しいなかを引き受けてくれたことへのお礼

②葬儀が無事に終了したことの報告

③今後のお願い

などが中心となります。

◆世話役へのお礼のあいさつ

このたびはお忙しいところをお世話いただきありがとうございました。葬儀一切を取り仕切っていただき、ほんとうに助かりました。心よりお礼申し上げます。

このたびは世話役をお引き受けいただき、ありがとうございました。これは心ばかりのお礼です。どうぞお納めください。今後ともお力添えをいただくこともあろうかと思います。どうぞよろしくお願いいたします。

このたびは葬儀委員長をお引き受けいただき、ありがとうございました。また、お心のこもった弔辞をいただき、ありがとうございました。おかげさまで葬儀一切を無事に終えることができました。心ばかりのお礼でお礼でございます。どうぞお納めください。今後ともよろしくお願いいします。

ポイント

●葬儀がとどこおりなく済ませたことに対して感謝の言葉を伝えます。
●世話役を引き受けてくれたことへの感謝の気持ちを述べます。
●葬儀委員長を引き受けてもらった場合にはお礼を述べます。
●弔辞をいただいた場合にはそれについてもお礼を述べます。
●今後につなげる言葉で結びます。

葬儀後の諸手続きをする

保険・年金・税金の手続き

葬儀後には、各種の手続きと遺産相続の処理を行います。これからの遺族の生活に関わる内容もあるので、速やかに、かつ一つひとつていねいに片づけていきましょう。

①健康保険

故人が勤務先で加入していた健康保険は、死亡日の翌日から失効するので、扶養家族は居住地の役所で国民健康保険の加入手続きをします。

②生命保険

2カ月以内に保険会社に連絡し、所定の書類を提出して、保険金請求の手続きをします。契約日から1年以内の自殺や、契約時に病歴などを正しく報告していない場合は、保険金が受け取れません。

また保険金受け取りには、相続税、所得税、贈与税のいずれかの税金が課せられます。

③年金

故人が厚生年金に加入していた場合は、遺族厚生年金が、国民年金に加入していた場合は、受給者の条件に応じて「遺族基礎年金」「寡婦《かふ》年金」「死亡一時金」のいずれかが支払われます。勤務先や社会保険事務所、市区町村の役所の国民年金窓口などに問い合わせ、手続きします。

④税金

故人が自営業で、所得税の確定申告をしている場合は、相続人が亡くなってから4カ月以内に申告します。サラリーマンで年末調整をしていた場合は、勤務先に確認します。

確定申告をする場合は、故人の居住地の税務署が申告先になります。

また、年間の医療費が10万円（もしくは年間所得が200万円未満なら、その5％）以上なら、控除対象になるので、申請します。

名義変更

故人名義の変更手続きを行わないと、死亡後も会費が引き落とされたり、悪用される危険性もあります。

①公共料金

電話や電気、ガス、水道等があります。各事業会社に問い合わせ、電話で連絡したり、書類を提出します。

②金融機関

口座名義人が死亡したことを金融機関に連絡し、口座を凍結させます。預貯金を引き出すためには、口座相続の手続きが必要になります。

●公共料金の自動引き落とし

口座を凍結すると公共料金の引き落としもできなくなります。名義変更の手続きを行い、新規口座からの引き落としに切り替えます。

③賃貸住宅

故人が契約者の場合、公営住宅の場合は役所などの窓口へ、民間住宅の場合は管理会社や家主に連絡をして、名義変更をします。手続きを怠ると、家賃を払っていても、不法居住とみなされることがあります。

④自動車

所有者が亡くなったら15日以内に管轄の陸運支局や自動車検査登録事務所で手続きします。

⑤その他

クレジットカードやパスポートの返却や、株式債券、ゴルフ会員権、インターネットのプロバイダーの名義変更、各種会員から脱会手続き等があります。

遺産相続

死亡した人が「被相続人」、財産を引き継ぐ人が「相続人」となります。民法により、相続人は被相続人の子ども、親、兄弟姉妹、配偶者に定められています。

遺言があれば、それに従って相続しますが、それで決められなければ、相続人同士で遺産分割協議をするか、民法で定められた法定相続分通りにするなどします。協議がまとまらない場合は、家庭裁判所に調停を申し立てます。

形見分けをする

遺品の整理をする

葬儀が終わり、一息ついたところで遺品の整理を始めます。亡くなったばかりで、残された物を見たくないという気持ちもあるでしょうが、遺品の中から、相続等、これからの事務処理に必要な書類が出てくる可能性もあるので、早めに始めるようにします。

整理することで、徐々に気持ちが落ち着くこともあるので、とにかく始めてみるといいでしょう。遺品はその内容により、次のように分類します。

遺品の分類

形見分けできるもの

処分するもの

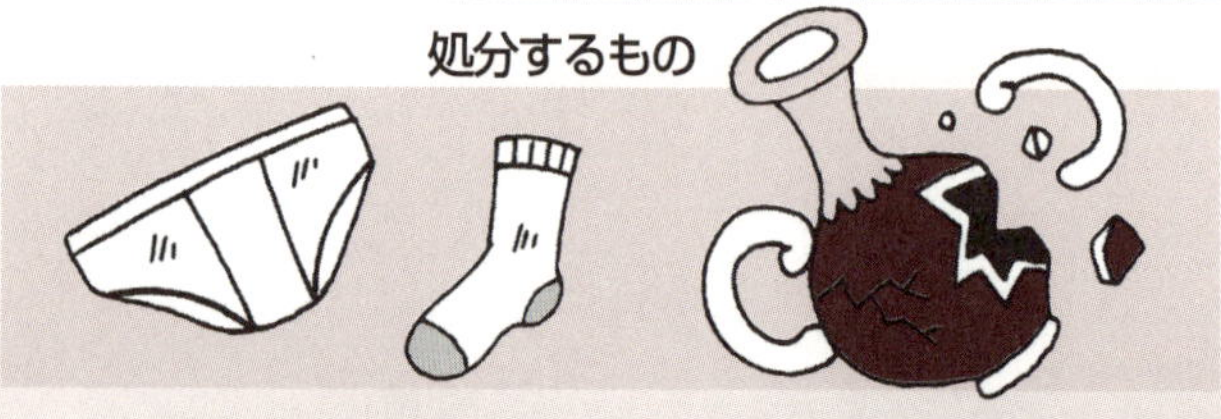

保管するものには、住所録や手帳、日記、手紙など。住所録は年賀欠礼状を出す時に必要になります。

故人が自営業だった場合は、過去の税金の確認のためなどに5年間は書類を残しておきます。

また勤め先の書類が出てきた場合は、元の上司等に相談します。

●遺言書が出てきたら

開封せずに家庭裁判所に届け出て、「検認」を受ける手続きをします。

遺言書は、検認を受けて初めて正式なものと認められます。

検認は遺言書が成立する絶対条件ではありませんが、遺産分割などでモメた時に、検認がないことでペナルティを科せられることがあります。

形見分けをする

四十九日の忌が明けたころ、遺品の整理を済ませて、形見《かたみ》分けをします。

形見分けとは、衣類や本、アクセサリー、その他カメラやゴルフなどの趣味の道具など、故人の愛用品を近親者や親しい友人などに分けることを言います。

これには、受け取った人が故人を偲び、人柄の良さなどを引き継ぐ思いが込められています。

そのため、心から喜んで受け取ってくれる相手かどうか、喜んでもらえる品かどうか、よく考えて選び、分けるようにします。

いくら故人が愛用したものだからといって、もらって迷惑な品物もあります。まだ新しく実際に使える品のほうが、受け取った相手からも喜ばれるので、傷みのひどいものや古びたものは避けたほうが無難です。

衣類などはクリーニングに出してから渡すようにします。

また、贈る相手は特に要望がない限り、目上の人に形見分けするのは、失礼とされています。

●高価な貴金属や骨董品

また、いくら高価な品物のほうが喜ばれるといっても、高価な貴金属や骨董品は、贈与税の対象になり、相手の負担になることもあるので、贈る品と相手は慎重に選ぶようにします。

香典返しをする

香典返しとは

香典とは、故人の冥福《めいふく》を祈って、霊前《れいぜん》に香を捧げていたことが始まりで、香の代わりに現金を包むようになりました。

それにより、故人の家族を経済的に助けるという意味もあるので、本来ならばお返しの必要はありません。

しかし最近では、四十九日の忌明けを無事に迎えられた感謝の意味を込めて、品物を贈る考え方もあります。

さらに葬儀の当日に香典返しをすることも多くなっています。これを「即日返し」と言います。

忌明けの香典返しに比べて、配送の手間が省けるメリットがありますが、会葬御礼の返礼品との区別がつきにくい難点があります。そうした場合は、香典の額にかかわらず、会葬者に一律の品物を配ることになるので、高額の香典をいただいた人には、忌明けに相応の品物を改めて贈ることもあります。

香典返しの品選び

記念品のように後々まで残るも

忌明けの返し

即日返し

のは、葬儀の悲しみも残すと考えられており、お茶やコーヒー、タオル、石けんなど消耗品や実用品が選ばれています。

また、最近は先方にカタログを送り、その中から好きなものを自由に選んでいただく「カタログ・ギフト」を贈る遺族も増えています。

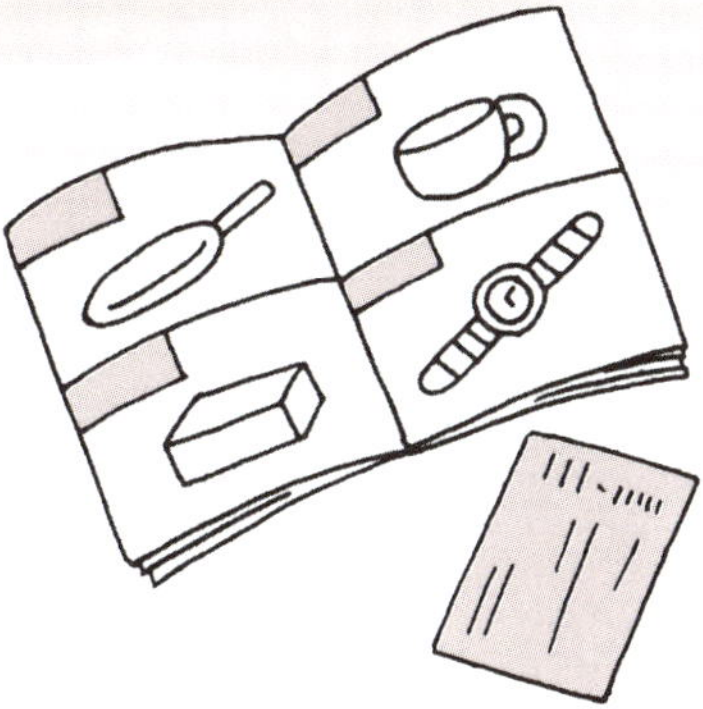

それらを忌明けの知らせを兼ねたあいさつ状を添えて送ります。表書きは「志《こころざし》」で、黒白の水引のかけ紙が掛けられます。

金額としては、香典の半分から3分の1程度が目安になっています。

仏教以外の宗教では

神道では、五十日祭が忌明けに当たるので、このころにあいさつ状と品物を送ります。

キリスト教式では、忌明けという考え方がありませんが、死後1カ月目の命日に合わせて、品物を贈ることもあります。

香典返しをしない場合

故人が一家の大黒柱だった場合は、香典を葬儀費用だけではなく、生活費や養育費に充て、香典返しをしないこともあります。

そのような時には忌明けに「いただいた香典は子どもの養育費に充てさせていただきます」とあいさつ状を送るとていねいです。

また、故人の遺志によって、香典の全額や一部を福祉事業に寄付し、香典返しをしないケースも増えています。

その場合には、忌明けに寄付の旨をあいさつ状で伝えます。寄付先から贈られた感謝状のコピーを同封すると、より具体的に故人の遺志が伝わります。

香典返しのあいさつ状

報告とお礼を兼ねて

香典返しのあいさつ状は、四十九日の忌明けをもって「故人に関する弔事がとどこおりなく終わりました」という報告と、ご会葬など、いろいろとお世話になったことのお礼の気持ちをこめて、香典返しに添えて送ります。

仏式では、四十九日（七七日忌）が一般的ですが、四十九日が命日から3カ月後に当たるときは、三十五日（五七日忌）を忌明けとすることもあります。

いずれにしても、忌明けと香典返しの送付の間が開かないように、タイミングよく送るようにしましょう。

香典返しを送る方の範囲

香典返しを送るのは、葬儀でお世話になった方や香典、会葬をしてくださった方などです。

会葬に参列できず、弔電をくださった方（香典をいただいていない方）にまで、香典返しをお送りするのは、かえって相手の負担になるものです。この場合は、香典返しをお送りする旨を述べない文面で、お礼状を送りします。

形見分けを送るとき

形見分けも四十九日の忌明けに、親戚や親しい友人に送ります。相手によって送る物が異なるので、どんな理由があってその物を選んだのか、一言説明を加えると、相手にも受け取ってもらいやすくなるでしょう。押しつけがましくならないように、よろしかったらもらってください、という気持ちを込めるようにします。

香典返しのあいさつ状

香典返しに添える手紙（印刷）

①謹啓　盛夏の候　みなさまにはますますご清栄のことと拝察申し上げます

②さて　先般亡父○○逝去《せいきょ》に際しましては　ご丁重なるご弔慰《ちょうい》ならびにご芳志《ほうし》を賜りまして　まことにありがたく　厚くお礼申し上げます

③おかげをもちまして　本日

○○院□□□□居士

七七日忌の法要を滞りなく済ませ無事納骨いたしました

つきましては　供養《くよう》のおしるしまでに　心ばかりの品をお届けいたしましたので　ご受納いただきますよう　お願い申し上げます

④本来ならば　お伺いしてお礼申し上げるところですが　まずは書中にて失礼いたします

平成○年8月

書き手
息子 40代

故人
父 70代

相手
故人の友人

手紙の流れ

①時候のあいさつ

正式な手紙という意味で印刷では句読点を省くのが一般的です。「拝啓」ではなく、さらに丁重な「謹啓」「粛啓」を使います。また「お慶び申し上げます」は慶事の印象があるので、「拝察申し上げます」とします。

↓

②会葬や香典のお礼

↓

③法要の報告・香典返しを送った知らせ

戒名は入れなくても構いませんが、入れる場合は独立して示します。

↓

④結び

香典返しのあいさつ状

キリスト教式のあいさつ状（寄付をする場合）

書き手
娘 40代

故人
母 70代

相手
故人の友人

①謹啓　みなさまにはますますご清栄のことと存じます。

②さて、先般、亡母○○の召天《しょうてん》にあたりましては、ご多用中にもかかわらず、心のこもったお祈りの言葉と、過分なるお花料を賜りまして、まことにありがとうございました。

おかげさまで、ここに三十日の記念式を無事に済ませることができました。

③つきましては、はなはだ勝手ながら、故人の遺志《いし》により、みなさまからのご厚志《こうし》を福祉団体○○○○に寄付させていただきたく、本日手続きを済ませました。なにとぞご了承くださいますよう、お願い申し上げます。

④本来ならば、お目にかかりましてお礼申し上げるところですが、まずは書中をもってごあいさつ申し上げます。

平成○年10月

手紙の流れ

①時候のあいさつ

②会葬や香典のお礼

キリスト教式では、「召天」「お花料」「献花」「三十日記念式（祭）」などの用語が使われます。

③香典返しを寄付することを報告

金額は不要ですが、どこに寄付したのかを明記し、会葬者の了承をお願いします。手続きを済ませており、寄付先の団体から礼状等をいただいている場合は、コピーを同封しましょう。

④結び

香典返しのあいさつ状

香典返しのあいさつ状

形見分けのあいさつ状

①拝啓　先般はご多忙中にもかかわらず、夫○○の葬儀にご会葬くださり、その上、過分なるご厚志をいただき、まことにありがとうございました。おかげさまで、四十九日の法要もつつがなく済ませました。
②まだまだ気持ちの整理もつかないのですが、最近、少しずつ故人の遺品を改めております。物持ちのよい夫のことなので、どれも使い込んだものばかりですが、夫が生前、お世話になった方々と分かち合いたいと思い、お便りを差し上げる次第です。
　中川さまには、夫が京都支店に勤務していたころから何かとお世話になりましたが、夫が京都で買い求め、その後も愛用しておりましたネクタイとベストを別便でお送りいたしました。夫と背格好が同じでいらっしゃる中川さまならば、お召しになっていただけると思います。お受け取りいただければ、夫も喜ぶことでしょう。
③これまでのお礼と形見分けのお知らせまで。
末筆ながら、寒さの折からご自愛くださいますよう申し上げます。
平成○年1月

書き手
妻 60代

故人
夫 60代

相手
故人の同僚

手紙の流れ

①会葬のお礼・忌明けの報告
　形見分けがこのあいさつ状の趣旨になるので、会葬のお礼や報告は、あまり堅苦しくさせず、簡潔にまとめます。

②形見分けの理由
　相手と品物が結びつく理由を明記し、相手が気持ちよく受け取れるように心がけます。

③季節のあいさつ
　季節のあいさつで締めくくります。

お礼の手紙を出す

あいさつに伺う代わりに

葬儀に参列した人には、受付で会葬礼状が渡されますが、それとは別に、葬儀委員長や世話役となってくれた方や弔辞を述べていただいた方、供花してくださった方、弔電を送ってくださった方、遠方からわざわざ会葬に出向いてくださった方には、直接あいさつに伺うか、お悔やみのお礼状を出します。

葬儀後1週間くらいが、あいさつに伺う目安なので、お礼状を出す場合もそれに準ずるようにしましょう。ただし、葬儀が年末に行われた場合は、お礼状は松の内（1月7日まで）が過ぎてから届くように発送します。

とくに親しい相手で、お礼の気持ちを伝えると同時に、落ち着いたことを知らせる目的で出す場合は、2週間後でも1カ月後でも構いません。

会葬礼状よりも温かさを込めて

会葬礼状は、葬儀社で用意することが多く、文面も定型的なものですが、お礼状はそれよりも個々の相手に宛てる気持ちを前面に出したものになります。

葬儀当日、お手伝いをしていただいたり、遠方から出向いていただいたことなどが、遺族となった自分にとって、どれだけ心強く、ありがたかったことかを伝えましょう。

お礼の手紙

弔辞をいただいたお礼の手紙

書き手
息子
40代

故人
父
70代

相手
故人の友人

①謹啓　陽春の候、みなさまにはますますご清栄のことと拝察申し上げます。

②さて、先般亡父〇〇逝去《せいきょ》に際しましては、ご丁重なるご弔詞《ちょうし》ならびにご芳志《ほうし》を賜りまして、まことにありがとうございました。

長年、ご懇意にしていただいた岡本さまのお言葉をいただき、父も光栄に思っていることと存じます。

③父は、前日までいつもと変わらぬ生活をしておりましたので、私どもも突然のことに驚くばかりで、まだ信じられない思いでおりますが、岡本さまのお言葉を賜り、深い悲しみが和らいでいく思いがいたしました。

父になり代わりまして、生前に賜りました格別のご厚情に、心から感謝申し上げます。

④本来ならば、お伺いしてお礼申し上げるところですが、略儀ながら本状をもってお礼申し上げます。

平成〇年4月

手紙の流れ

①時候のあいさつ
一般的な手紙の形式と同じですが、「拝啓」ではなく、「謹啓」「粛啓」等を使います。

②弔辞や香典のお礼
供花や供物などがある時も具体的には挙げず、「ご配慮」「ご厚志」「ご芳志」等とします。

③遺族の近況
お悔やみにより慰められたことを伝えます。

④結び

お礼の手紙

入院中にお見舞いに来ていただいたお礼も兼ねて

書き手
母
30代
故人
息子
10代
相手
サッカークラブコーチ

①拝啓　先日は、サッカークラブのみなさまでご焼香《しょうこう》いただきまして、まことにありがとうございました。
②また入院中も何度もお見舞いにお越しいただき、何かと励ましていただいたこと、あわせてお礼申し上げます。
③○○も早くよくなってサッカーをしたい、スタメンに入りたいとみなさまが帰られた後も、ボールで遊んだり、サッカー雑誌を見たりしていましたので、まだ現実のこととは思えずにおります。それだけに先日は、みなさまにきちんとごあいさつができぬまま、大変失礼いたしました。
　○○が生前、みなさまにお世話になりましたことを、○○になり代わりまして、心から感謝申し上げます。
④みなさまのご活躍が○○の供養《くよう》になるものと信じ、これからも○○サッカークラブのご活躍をお祈り申し上げます。
平成○年4月

手紙の流れ

①会葬のお礼
会葬してくれたみなさんに対して。
↓
②お見舞いのお礼
入院中お見舞い、励ましてくれたことへのお礼の気持ちを伝えます。
↓
③非礼のお詫び
葬儀当日は何かと忙しく、大勢で来られても、一人ひとりにお礼を言えないことがあります。非礼を詫びて、あらためて感謝の気持ちを伝えます。

↓
④結び

お礼の手紙

内輪で葬儀を行ったときのお悔やみ状へのお礼

書き手	故人	相手
息子 40代	母 80代	故人の友人

①このたびは、母○○の逝去《せいきょ》に際しまして、心のこもったお悔やみの言葉を賜り、まことにありがとうございました。
②母は生前から、みなさまのご迷惑にならないように執り行いたいと申しておりましたので、その遺志を尊重し、葬儀は5月6日に親族だけで無事終えさせていただきました。
③大石さまにはお知らせが遅くなりましたことを、深くお詫び申し上げます。
　母になり代わりまして、生前に賜りました格別のご厚情に、深謝《しんしゃ》するとともに、今後も変わらぬご厚誼《こうぎ》をお願いいたします。
④後日改めてごあいさつにお伺いいたしますが、まずは略儀ながら書中にてお礼申し上げます。

平成○年5月

手紙の流れ

①お悔やみ状のお礼
温かいお悔やみ状をくれたことへのお礼を。

②葬儀の報告
葬儀を親族のみで内輪で行った場合は、後日死亡通知を送ります。しかしその前にお悔やみをいただいた場合は、内輪で行った理由などを明らかにします。

③お詫び
また、葬儀を知らせなかったことをお詫びします。

④結び

年賀状欠礼

服喪期間の年始あいさつは控えます

葬儀後のさまざまな手続きは、四十九日の法要を持って一応終了しますが、近親者が亡くなってから1年間は服喪《ふくも》期間とされるので、その間の年賀状のやり取りは控えるようにします。

送るのを控えるだけでなく、いただくほうも遠慮しなければいけないので、年賀欠礼のハガキを出し、年始のあいさつを失礼させていただくことを伝えます。

服喪の対象となるのは、配偶者、子ども、自分および配偶者の両親などで、祖父母や兄弟姉妹については、親類や地域の慣習などにより判断します。

12月上旬までには届くように

年賀欠礼は、相手が年賀状の準備を始める11月中旬から12月上旬までに届くようにします。

故人の友人等にも故人が残した住所録や前年の年賀状などを元にお知らせします。葬儀に出席し、あなたが喪中であることを知っている方にも改めて年賀欠礼を出すようにしましょう。

お悔やみなどは寒中見舞いで

年賀欠礼を出す立場でなく、受け取る立場だったら、こちらからも年賀状を送るのを控えます。欠礼により服喪であることを知った場合は、寒中見舞いなどでお悔やみをすることもあります。

また欠礼を送らなかった相手から年賀状が届いたり、不幸が年末に掛けてで、欠礼が間に合わなかった時なども、寒中見舞いで欠礼のあいさつをします。

お礼の手紙

年賀状欠礼（印刷はがきの場合）

書き手
息子
40代
故人
母
80代
相手
故人の友人

①喪中につき新年のごあいさつは
　失礼させていただきます
②本年5月に母　○○が75歳にして永眠いたしました
ここに本年中に賜りましたご厚情を深く感謝いたします
③明年も変わらぬご厚誼のほどお願い申し上げます
平成○年11月

①喪中につき年頭のごあいさつは
　ご遠慮申し上げます
②11月20日に夫　○○が永眠いたしました
みなさまにはどうぞよいお年をお迎えください
寒さに向かう折からご自愛のほどお祈り申し上げます
平成○年12月

ポイント

①喪中であることがわかるように、慣用文は大きめに書きます。

②いつ、誰が亡くなったかを明記します。

③故人の生前、また葬儀の時などにお世話になったことを改めて感謝し、これからのおつきあいもお願いします。

お礼の手紙

喪中に届いた故人への年賀状の返信

書き手
娘 40代
故人
父70代 病死
相手
故人の友人

①寒中お見舞い申し上げます。
②ごていねいな年始のごあいさつをいただき、お礼申し上げます。
まことに不行き届きでご通知が遅くなりましたが、父○○は昨年11月に他界いたしました。長らく療養しておりましたが、その甲斐もなく、最期は静かに息を引き取りました。
③川上さまには古くから何かとお世話をいただいたこと、父から伺っております。ありがとうございました。
ご連絡が遅くなりましたこと、重ねてお詫び申し上げます。
④今年はことのほか寒さのきびしい毎日が続きます。くれぐれもご自愛くださいますように。

平成○年1月

手紙の流れ

①寒中見舞い
寒中見舞いは、松の内が明けた1月7日から、節分の翌日である立春（2月4日）までに出します。

②お礼とお詫び
年賀状のお礼と、連絡が遅くなったことをお詫びします。また故人の最期の様子を簡潔に報告します。

③厚誼へのお礼
故人が生前、お世話になったことを感謝します。

④季節のあいさつ
季節のあいさつで締めくくります。

お礼の手紙

喪中に届いた自分への年賀状の返信

書き手 長男50代
故人 母80代 病死
相手 自分の友人

寒中お見舞い申し上げます。
①このたびはご丁重な新年のごあいさつをいただき、まことにありがとうございます。みなさまには健やかにお過ごしのようす、大変うれしく思いました。
②実は昨年暮れに母を亡くしました。学生時代よく家に遊びに来てくれ、母とも顔見知りだったと思います。葬儀の連絡をとも思いましたが、なにぶん遠く、スーパーを経営する君は、商売柄年末大忙しに違いないと思い遠慮いたしました。
③話があとさきになってしまい恐縮ですが、服喪《ふくも》中のため年賀あいさつは欠礼させていただいています。失礼の段、どうかご容赦を。
④本年も変わらぬご厚誼《こうぎ》をよろしくお願いいたします。
まずは年賀欠礼のお詫びと、母のお知らせまで。

平成○年1月

手紙の流れ

①**年賀状のお礼**
年賀状をいただいたお礼を述べ、相手の安否を気づかいます。

②**母の死の報告**
母の死の報告と、葬儀を知らせなかった理由を示します。

③**年賀欠礼のお詫び**
服喪中につき、年賀のあいさつを欠礼していることを伝え、年賀状を差し上げなかった非礼を詫びます。

④**結び**
これまで通りのおつき合いをお願いし結びます。

位牌などの仏具をととのえる

本位牌を購入する

故人や先祖の霊《れい》を自宅で供養《くよう》するために位牌《いはい》や仏壇《ぶつだん》を用意します。

戒名《かいみょう》を入れた位牌は、故人の象徴となるものなので、大切に扱います。

葬儀の時には白木の位牌を使いますが、これは葬儀用の仮のものなので、納骨《のうこつ》の際に菩提寺に納めます。その代わりに仏具店などで塗りの本位牌を購入し、僧侶にお願いして開眼供養《かいげんくよう》をしていただき、仏壇に飾ります。

戒名は位牌を購入する際に、仏具店で漆書きや彫り文字で入れてもらえます。板の材質や塗り方などで価格の違いがあります。四十九日の忌明けまでに用意するのが一般的です。

仏壇を置く

仏壇も四十九日までに購入することが一般的です。その他、一周忌の法要や彼岸、お盆など故人を偲ぶのにふさわしい時期に合わせて購入する人も多く、特別な決まりはありません。

●仏壇の種類

大きさの違いでは、タンスの上などに置くコンパクトな「上置き

・上置きタイプ

・台付きタイプ

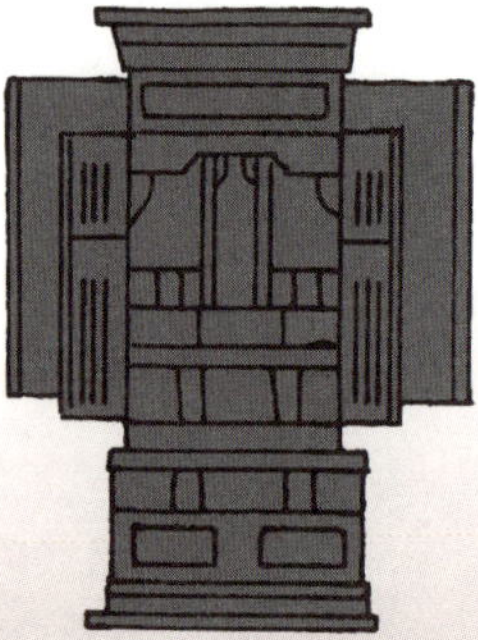

式」と台が付いた一般的な「台付き」があります。

装飾的な違いでは、杉や松などを用い、漆塗りの上に金箔で仕上げた「塗り仏壇」と、黒檀、紫檀などの木目の美しさを活かした「唐木仏壇」があります。

●仏壇を置く場所

古い日本家屋では仏間がありましたが、現在の住宅事情ではなかなか難しいもの。リビングなど、家族が集まりやすい場所に置くと、仏壇を身近に感じることができます。フローリングの部屋にも違和感のない「家具調仏壇」なども登場しています。

仏壇は木製なので、直射日光を避け、風通しのよい場所に置きます。また双方を拝礼する時のお尻の位置関係から、神棚の正面は避けます。

●仏壇に飾るもの

仏壇には位牌と本尊《ほんぞん》を飾ります。本尊は、真言宗なら大日如来《だいにちにょらい》、浄土真宗なら阿弥陀如来《あみだにょらい》と、宗派によって異なります。

その他には、花立て、香炉、燭台の三つ具足が最低限の基本です。花立てと燭台をそれぞれ左右に対に置くと五具足となります。

●日ごろの供養

毎朝、仏飯、お茶、お花を供え、ろうそくに火を灯し、線香をあげたら合掌して拝みます。ろうそくを消す時は手であおぎます。夕食後か就寝前にも合掌礼拝《がっしょうれいはい》します。

花はトゲのある樹木の花やにおいのキツいものを避け、こまめに水を替えます。火事を防ぐために、お参りを終えたらロウソクや線香の火が消えているのを確認します。

仏壇を置かない場合

住宅事情や宗教にこだわらない考え方から仏壇を置かないケースも増えています。その時には、タンスの上などに遺影《いえい》や位牌を置くようにします。花や水を捧げ、自分なりのスタイルで毎日、向き合うようにしましょう。

三つ具足

墓を建てる

墓地の種類

墓地には3つの種類があります。費用や管理の点からそれぞれの事情にあったものを選びます。

①寺院墓地

寺院が境内《けいだい》もしくは近隣の場所で管理・運営するものです。その寺院に墓地を持つ人を「檀家《だんか》」と呼びます。寺院にお墓を守ってもらう安心感がありますが、寺院と同じ宗派であることや、購入・管理費用が高いマイナス面があります。

②公営墓地

自治体が管理・運営するもので、格安なメリットがありますが、競争率も高く、入手しにくいデメリットがあります。

③民営墓地

民間企業（霊園）が墓地を造成したもので、宗派を問わず、申し込みもしやすくなっています。ただ、都市郊外の立地が多く、交通の便があまりよくないマイナス面もあります。

●永代使用権とは

上記3種類の墓地のいずれも、土地の所有権は、寺院や自治体、霊園にあります。墓地購入者は、土地を買うのではなく、半永久的にその墓地を利用できる「永代使用権」を購入することになります。

埋葬の種類

先祖代々の墓、個人の墓、共同利用の墓など、埋葬の仕方にもさまざまなものがあります。

①代々墓

「〇〇家之墓」と墓石に刻まれ、一族代々の遺骨を納め、子孫に受け継いでいく墓です。新たに遺骨を納める場合は、墓石の裏などに故人の名前や死亡年月日が刻まれます。

②個人墓

亡くなった個人もしくは夫婦一

代限りのもので、後を見る人がいなくなった場合は、寺院や霊園が管理します。

③共同利用

家や家族ごとに墓地として決められた区画を確保するのではなく、寺院や霊園が管理する場所に遺骨を納め、さまざまな人が1つの碑の下に眠る形をとります。子どもを持たない夫婦や一人暮らし人口の増加に呼応し、限りある土地の有効活用法としても期待されています。

墓地選びのポイント

墓地は購入したその時だけでなく、その後に渡って自分たちや家族が守っていくもの。慎重に選びましょう。

①費用面

・永代使用料や管理費は無理なく支払えるか。

・安心して任せられる経営事業者か。

②立地面

・自宅からの交通の便はいいか。

・墓地の基礎工事はしっかりしているか。

・災害の恐れのない場所か。

・日当たりや水はけのよい場所か。

③管理面

・墓地の清掃は行き届いているか。

・芝生は手入れされているか。

④その他

・宗教や宗派の制限はあるのか。

・購入に当たっての条件の有無。

納骨をする

四十九日法要に合わせて行うのが一般的

葬儀を終え、墓を建てたら、遺骨を墓に納める「納骨《のうこつ》」を行います。一般的には忌明けの四十九日法要とともに行います。

四十九日と合わせて行うときは、まず先に忌明けの法要を寺院の本堂等で行い、墓地に移動して納骨式を行います。また、この時から墓を使い始めるのであれば、墓に魂を入れる開眼《かいげん》供養《くよう》を兼ねることができます。

四十九日までにお墓が用意できていない時は

四十九日までにお墓を建てていないこともあります。その場合は、墓地の納骨堂や霊廟《れいびょう》などで仮納骨をする方法があります。墓地は用意できたが、墓石がまだの場合は、白木の墓標を立てて、遺骨を納めることもあります。

いずれにしても、一周忌か三回忌までにはお墓を建て、正式な納骨式を行います。

納骨式の準備

あらかじめ墓地の管理事務所か石材店に連絡をし、墓の地中のカロートと呼ばれる納骨室に骨壷を納められるよう、開けておいてもらいます。

寺院墓地であれば、遺族は遺骨と墓前に供える花を持参すれば、そのほかの準備は寺院でしてくれることが多いのですが、公営や民営の墓地の場合は、僧侶への連絡が必要です。その他、花立や供物、ろうそく、燭台、香炉、線香などを用意する必要があることも。墓地の管理事務所等に相談しておきましょう。

埋葬許可証を忘れずに

墓地を建てたり、埋葬するためには、「墓地、埋葬に関する法律」が関係してきます。勝手に墓地を作ったり、埋葬したりすることはできません。

埋葬許可証は、葬儀後、火葬に付した時に、遺骨と一緒に火葬場の職員から返されているはずですから、納骨の際には必ず持参し、墓地の管理事務所に提出します。

墓地の事業者が発行する墓地の使用承諾書と印鑑も必要です。

納骨式の手順

遺族と親族、ごく親しい友人・知人と僧侶で行うのが一般的。ごく内輪の会になります。納骨式の進行は、

①遺骨をカロートに納める
②卒塔婆《そとうば》を墓石の後ろに立てる
(浄土真宗はしない)
③花や線香を墓前に供える
④僧侶が読経する
⑤参列者が順に焼香する

というものになります。

その後、墓地の近くの料理屋などで宴席をもうけ、僧侶や参列者をもてなします。僧侶には上座に座っていただき、施主があいさつをします。四十九日の法要も兼ねていたら、忌明けのあいさつもします。

また僧侶には式の後にお布施を渡します。公営や民営の墓地に来

ていただいた時にはお車代も忘れないようにします。

その他の宗教の場合

●**神式の納骨**

神式では、火葬した当日に納骨するのが正式です。ただし、それではあわただしいという場合、仏式の四十九日にならって五十日祭に納骨したり、五十日祭まで続く10日ごとの霊祭のいずれかの日に行うことが多くなっています。

●**キリスト教式の納骨**

カトリックでは仏式にならって四十九日以降に納骨することが多いようです。プロテスタントは死亡した日から1カ月目の召天記念日に納骨することが多いようです。

その後のお墓参り

納骨が済み、お墓ができたら、定期的にお墓参りをします。特にきまりはありませんが、年回忌や月命日、春と秋のお彼岸などには忘れずに参るようにしたいものです。

お墓参りには花や線香、水などを用意していきます。供養する前に、墓石を磨いたり、墓地回りの草むしりや落ち葉などを掃除し、花立の水を換え、花を生け、供物を供えます。その後、焼香して拝みます。

Part 2

法要の進め方とあいさつ・手紙

法要の決まりごと

法要の意味は？

「法要」とは、故人があの世で良い報いを受けられるよう、身内などの親しい人たちが集まって、仏に祈る儀式で「追善供養《ついぜんくよう》」と呼ばれています。

最近では、葬儀当日に初七日法要を行い、その後は七七日《しちしちにち》（四十九日）、一周忌と続くのが一般的になっていますが、本来は忌明けの七七日まで7日ごとに行うのが法要です。死後の世界では7日ごとに閻魔大王《えんまだいおう》による生前の功徳《くどく》に対する裁判があり、故人の罪が少しでも軽くなるように祈ります。この祈りの儀式が法要です。

●初七日

葬儀にひと区切りつける意味で重要な初七日。本来は亡くなった7日目に行いますが、最近は会葬者の時間的な負担を考え、葬儀当日、還骨回向《かんこつえこう》に続いて行うのが一般的になっています。

●五七日《いつなのか》（三十五日）

宗派や地域によってはこの日を忌明けとするところもあるほか、逮夜《たいや》（法要の前日）を重視したり、亡くなって3カ月にわたる場合は、この日を忌明けとすることもあります。

●七七日（四十九日）

一般的な忌明けで、この日に納骨とあわせて盛大な法要を行うケースが多いようです。香典返しはこの日が過ぎたら贈ります。

年忌法要は三十三回忌までがめやす

四十九日以降の法要は宗教的な意味合いは薄く、中国の行事がそのまま日本に取り入れられたものといわれています。百カ日のあと一周忌(1年目)、三回忌(2年目)、七回忌(6年目)……、と故人の命日(亡くなった日)に縁のある人が集まり、年忌法要を行います。

一周忌までは盛大に、三回忌は招く人をやや絞って、七回忌以降は身内中心に行うのが一般的なスタイルです。

法要は亡くなってまもない故人を、残った人たちの祈りで立派な仏に育てるために行うという説があります。これでしまいとする「弔《とむら》い上げ」は三十三回忌をめやすに、少ない場合は十三回忌、多い場合は五十回忌まで営まれることもあります。

●一周忌

喪明《もあ》けとなる忌日なので、身内のほか故人の知人などを招いて盛大に営みます。

●三回忌

とくに親しかった人を招いて、故人を偲《しの》びます。

●七回忌

身内だけを招いて行うことが多いようです。

●十三回忌

十二支が終わって最初の年忌法要で重要とされています。

●三十三回忌

これでしまいにする「弔い上げ」となることが多い法要です。

主な法要のスケジュール

初七日（7日目）	●
二七日（14日目）	
三七日（21日目）	
四七日（28日目）	
五七日（35日目）	●
六七日（42日目）	
七七日（49日目）	●
百カ日	
一周忌（1年目）	●
三回忌（2年目）	●
七回忌（6年目）	●
十三回忌（12年目）	●
十七回忌（16年目）	
三十三回忌（32年目）	●
五十回忌（49年目）	

●…重要な法要

法要の準備をする

まず僧侶に連絡を

準備はまず寺院と連絡をとることからはじめましょう。日時などを打ち合わせしますが、浄土真宗以外は「卒塔婆《そとば》」を立て故人を供養する習慣がありますから、依頼があればこのとき行います。

法要はそのあと食事を出すのが普通ですから、寺院で会食できるのか、できない場合はどこで会食するのかなどをよく打ち合わせておくことが大切です。

法要の日時と場所が決まったら招待客に案内状を出します。人数が決まったら、料理や引き物（返礼品）などを手配します。

日時・会場の決め方

年忌法要は故人の命日に行うものですが、多くの人が出席しやすいように命日の前の日曜日に行うことが多いようです。命日のあとに行うことはないので注意しましょう。会場には「寺院」「自宅」「ホテル・会館」などがあります。

●寺院

僧侶に勧められたら寺院で行うのが安心です。実費を払えば供花や供物などを用意してくれる寺院もありますし、会食ができる施設が整った寺院もあります。ない場合は近くの料理店を紹介してもらうといいでしょう。

●自宅

自宅が寺院の近くなら、自宅での法要のあとお墓参りなどを行うことも可能です。僧侶の都合がまず優先されることなので、寺院とよく相談してから決めましょう。

●ホテル・会館

交通の便の良いことから、規模の大きな法要や、宗教色のない偲ぶ会などがホテルで行うことが増えています。ただし、線香の使用を禁止しているところもあるので注意しましょう。

お斎のきまりごと

法要のあとには「お斎《とき》」と呼ばれるもてなしをするのがきまりです。このお斎を昼食時間に合わせるために午前10時から11時ころに法要をスタートさせるのが一般的なスケジュールです。

別の会場に移って食事をする場合は、法要の終了する時間、会場への移動時間などを計算し、予約を入れるようにします。また、会場が遠方の場合は、移動手段の手配も必要になります。

法要の料理は本来は精進料理ですが、最近は「通夜ぶるまい」同様、あまりこだわらなくなっています。

ただ、慶事に使われるタイや伊勢エビなどの食材は避けたほうがいいので、注文の際、法事であることを伝えましょう。

返礼品の用意を

法要には「ご仏前」を包んで出席してくれるのが普通ですから、主催者はお土産となる返礼品を用意するのがマナーです。

お菓子やタオルやシーツなどの日用品を贈るのが多く、表書きは「志《こころざし》」「粗供養《あらくよう》」とします。

法要の案内状

ひと月前に発送するのがマナー

法要の案内は親しい相手でも、電話などですまさず、案内状を送るようにしましょう。

手書きの手紙がていねいですが、出席者が多い場合は、印刷物でもかまいません。

食事の用意などのために出欠の返事をいただく必要がありますから、返信用のハガキや往復ハガキを封書に入れて出すのが一般的です。ハガキをむき出しのまま送るのは失礼です。

発送する時期は相手の都合を考え、法要のひと月前には出しましょう。2週間後くらいを返信のめやすとしてお願いすれば、法要まで2週間あるので、料理や引き物の数の調整は十分間に合います。

必要事項をもれなく簡潔にまとめる

一般的な案内状の構成は次の通りです。

①時候のあいさつ
②おつき合いのお礼
③法要の内容（故人の名前と何回忌か）
④日時・場所
⑤食事があることの案内
⑥出欠の返事のお願い

四十九日法要と三十三回忌法要では、案内のトーンは多少違ってくるでしょうが、案内事項を正確に伝えることが大事ですから、故人への思いなどは入れずに、必要な事柄をもれなく簡潔にまとめるのがよいでしょう。

法要の案内状

四十九日法要の案内

①謹啓　初夏の候、みなさまにはますますご清祥のこととお拝察申し上げます。
亡夫○○○○の葬儀におきましては、ご丁重なるご厚志を賜りまして、まことにありがとうございました。
②さて、来たる六月十二日は亡夫○○○○　△△居士の七七日忌にあたります。つきましては、六月十日（日）午前十一時より法要を営み、あわせて納骨をいたしたく存じます。
法要後は供養《くよう》のしるしまでに粗餐《そさん》を用意しておりますので、亡夫を偲びながらお召し上がりいただければ幸いです。
③大変、恐縮でございますが、ご都合のほどを同封のはがきにて、五月二十五日までにお知らせいただければ、ありがたく存じます。
まずはご案内とお願いまで申し上げます。

敬具

施主　奥田礼子

手紙の流れ

①**葬儀参列のお礼**
まだ四十九日の法要なので、葬儀に参列してもらったことや、厚志を賜ったことのお礼を述べます。

②**法要の内容**
日時、場所に加え、納骨式が行われることも案内します。食事の用意があることも知らせます。

③**返信のお願い**
返信の日を案内して、出欠の返事をお願いします。あくまで、かしこまってお願いするのがマナーです。

書き手
妻 50代

故人
夫 60代

法要の案内状

一周忌の案内

①謹啓　晩秋の候、みなさま方にはますますご健勝のことと拝察申し上げます。早いもので、父○○○○が他界いたしまして、1年が過ぎようとしています。つきましては、左記通り一周忌法要を営みたいと存じます。
②年末のあわただしい時期ではありますが、有縁《うえん》のみなさまにご来臨《らいりん》いただきたくお願い申し上げます。なお、当日は粗餐《そさん》をご用意させていただきます。

敬具

施主　平野敬三

③

記

日時　平成○○年十二月十八日（日）　午前十一時
会場　やすらぎ葬祭ホール別館
さいたま市ひがし区○-○○-○

※誠に勝手ながら、同封の返信ハガキにてご都合をお知らせいただきたくお願い申し上げます。

書き手
長男 40代
故人
父 病死 70代
相手
ゆかりの人

手紙の流れ

①あいさつ
時候のあいさつのあと、亡父の一周忌の案内などを簡潔にまとめます。

②気づかい・食事の案内
年末の忙しい時期なので、お詫びする気づかいを。また、食事を謙虚に「粗餐」と表現し、用意していることを伝えます。

③内容を箇条書き
日時や場所などは別記にした箇条書きのほうが伝わりやすいでしょう。

法要の案内状

三回忌の案内（往復ハガキ）

①拝啓　早春の候、みなさまにはいかがお過ごしでしょうか。長男○○が交通事故で急逝《きゅうせい》し、2年の月日が経過しようとしています。

②つきましては、○○をよく知るみなさまにお集まりいただき、左記通り法要を営みたいと存じます。ぜひお越しください。

当日はささやかな食事もご用意いたしますので、○○を偲《しの》び思い出話などをお聞かせください。

敬具

山下孝一　和子

③

記

日時　平成○○年三月三十日（日）　午前十一時

会場　○○寺

新宿区○○町○‐○○‐○

※恐れ入りますが、返信ハガキにて出欠のご返事を賜りたくお願いいたします。

書き手
父親50代

故人
長男事故死20代

相手
ゆかりの人

手紙の流れ

①**死後の経過**
死後2年経過し、三回忌を迎えたことを報告します。

②**出席の呼びかけ**
長男をよく知る友人などを招く案内状。思い出話などを聞かせてくれるようにお願いした例。かたくるしくならないように「施主」とせず、親の連名で出しています。

③**内容を箇条書き**
往復ハガキを使って、要点を簡潔に伝えた例。わかりやすく箇条書きにします。

法要の案内状

七回忌の案内（親族へ）

①拝啓　盛夏の候、みなさまにはいかがお過ごしでしょうか。早いもので父が亡くなり6年が経ちました。昨年病気をした母ですが、みなさまの励ましのおかげさまで病後の経過もよく、七回忌法要には出られるまで快復いたしました。

②その七回忌ですが、九月三十日（日）午前十一時から、菩提寺《ぼだいじ》の○○で行いたいと思います。おじさん、おばさん、みなさんご高齢で遠くから大変だとは思いますが、ぜひ出席して、母を慰めてください。

③勝手を言うようですが、九月十五日までに出欠のご返事をいただけたらたすかります。なお、厚かましいお申し出ですが、卒塔婆《そとば》を立てていただけるようなら、その旨も返信はがきにご明記ください。

まずは日ごろの厚誼《こうぎ》のお礼とお願いまで。

かしこ

小泉まどか

書き手
長女20代

故人
父 病死 60代

相手
親戚

手紙の流れ

①施主に代わって
法要を営む施主の母親に代わって、長女が親戚に呼びかける例です。母親の病気快復を報告して、法要の案内をします。

②法要の内容
日時や場所などを案内しながら、高齢の相手を気づかいます。

③卒塔婆の案内など
返事の催促と、親しい間柄なので遠慮なく供養の卒塔婆（浄土真宗以外の宗派では立てる習わしがある）の案内をします。

法要の案内状

追悼会（偲ぶ会）の案内

①謹啓　晩秋の候、ますますご清祥のことと拝察申し上げます。
さて、高校時代の恩師であり、サッカー部の顧問であった○○○○先生が亡くなり、2年が経過しようとしています。
②つきましては、来春に三回忌法要を兼ね「偲《しの》ぶ会」を開催したいと存じます。左記の予定ですので、OBのみなさまにはぜひご出席くださいますよう、よろしくお願いいたします。
敬白
代表幹事　第六期卒業　井上一真

記

③
日時　平成○○年一月二十五日（日）　午後三時
会場　スターホテル本館1階　孔雀の間
会費　10000円

※なお、当日は○○先生の奥様にもご来臨《らいりん》いただきます。お世話になった生徒諸君はぜひ顔を見せてください。

書き手
世話役
30代

故人
恩師
病死
60代

相手
クラブOB

手紙の流れ

①あいさつ
追悼会を開催するにあたって、開催の経緯を説明します。

②出席の呼びかけ
クラブのOBに広く呼びかけます。

③具体的な内容
日時と場所などを箇条書きにして案内します。追悼会なので「会費」の案内も忘れずにします。故人の家族が出席する旨も伝え、出席を促します。

法要の案内状

法要を執り行う

法要の際の服装

喪主や遺族は、招待者の多い一周忌まではブラックフォーマルなどの喪服を着るのが常識的です。三回忌以降、身内以外の出席者が減ってきたら徐々に簡略化していきます

といっても、お客よりもラフな格好というのは失礼になるので、男女とも地味な色のスーツなどが望ましいでしょう。

法要の進行

法要の進行は僧侶の指導に従って行います。特別な儀式の決まりはありません。

一般的には参列者全員が着席したところで僧侶が入場し、読経が始まります。縁の深い人から焼香を行い、僧侶から法話がなされて、1時間ほどで終了します。

このあと墓参りをしますが、四十九日で納骨を行う場合は、納骨儀式を行い、食事のもてなしをします。

法要の進行例

①参列者着席
②僧侶入場
③僧侶の読経
④遺族・親族の焼香
⑤参列者の焼香
⑥僧侶の法話
⑦墓参り
⑧会食（お斎）

神式の法要

仏教の法要に当たる神式の儀式は「霊祭《みたままつり》」（霊前際《れいぜんさい》）です。葬儀の翌日に行われる翌日祭。以降亡くなった日から10日ごとに十日祭、二十日祭、三十日祭、四十日祭、五十日祭まで行います。

故人の好物などをお供えしてお参りしますが、最近は仏教同様に簡略されることが多く、二十日祭、四十日祭を省略したり、翌日祭の次は五十日祭だけを行うことが多くなっています。

五十日祭を忌明けとみなすことが多く、墓前に親族、知人を招き、神官を呼んで神事を行います。

五十日祭の次は百日祭、一年祭、三年祭、五年祭、十年祭と続き、それ以降は10年ごとに五十年祭まで行います。

霊祭は神葬祭《しんそうさい》（神式の葬儀）と同様に、神社では行いません。墓前に神官を呼んで行うか、葬祭式場や自宅で行い、法要と同様に神事が終わったら、参列者を酒肴でもてなします。

キリスト教の法要

●カトリック

カトリック教では、死亡した日から数えて3日目、7日目、1カ月目に追悼ミサを行います。さらに1年目に命日祭を行うことがあります。

それ以降は特別な決まりはなく、初七日や七七日など仏教の法要に合わせて、知人などを招いて教会で追悼ミサを行うケースや、10年目、20年目に盛大な追悼ミサを開く習わしの教会もあります。

カトリックでは個別ではなく、万霊祭という合同の追悼ミサが11月2日に教会で行われるので、その式に参列する遺族もいます。

●プロテスタント

プロテスタントでは、死後7日か10日目、または1カ月後に召天《しょうてん》記念日《きねんび》に記念式を行います。それ以降、数年間は命日に記念式を行います。

それ以外にとくに決まりごとはなく、自宅や教会堂において牧師を招いて行います。

法要での施主のあいさつ

参列のお礼と故人への厚誼のお礼がメインテーマ

法要でのあいさつは施主が行うのが一般的です。施主とはその法要を主催する人で、健在なら葬儀のときの喪主が務めることが多いようです。亡くなっている場合は遺族の代表が務めるのが一般的です。

あいさつは施主の立場から、参列いただいたお礼、故人に対する生前の厚誼《こうぎ》のお礼などがメインテーマになります。

法要が始まる前や終了後に行うこともありますが、最近は法要を終わったあとの食事の前に行うケースがほとんどです。

感情に流されず、落ち着いてお礼の言葉を

初七日は葬儀のあとに行うことが多かったり、細かい法要は省略したりで、ほとんどの場合初めての法要は四十九日になります。

四十九日には、まだ感情の整理がついていない施主がほとんどです。悲しみに加えてあいさつに立つ緊張から、泣き崩れたり、話を忘れてしまったりする例も少なくありません。

それでなくても「早く悲しみから立ち直ってほしい」と願って来ている参列者に、よけいな不安を与えることになります。

四十九日法要だけでなく、法要のあいさつ全般にいえるポイントは、感情を抑えながら話すと気持ちが伝わりやすいようです。具体的には……、

①簡単なメモを用意する
②なるべく簡潔にまとめる
③ゆっくり落ち着いて話す

などがあいさつを無事に行うポイントです。

施主のあいさつ

夫を亡くした初七日法要のあいさつ

話し手
妻 70代

故人
夫 病死 70代

1分30秒

①本日はお忙しいなか、葬儀・告別式から初七日法要まで、長時間にわたりおつき合いいいただきまして、ほんとうにありがとうございました。亡き夫もさぞかし心強く、喜んでいることと存じます。

②おかげさまで初七日法要を無事に済ますことができました。あらためてお礼申し上げます。ご住職さまをはじめ世話役のみなさまには大変お世話になり、感謝の言葉もありません。

普段から元気な夫が突然倒れ、病院に運ばれてから今日まで、わずか5日間のことでしたが、あれやこれやあわただしく、ただうろたえるばかりでした。みなさまには、そんな私や子どもたちを励ましてくださったり、ご助言をくださったり、どれほど助かったか知れません。

これから四十九日法要、一周忌と続き、またいろいろお世話になることがあると存じますが、その節はよろしくお願いいたします。

③ささやかではありますが、お食事の用意をさせていただきましたので、ゆっくりおくつろぎください。夫の思い出話などをしていただければ幸いです。

本日はどうもありがとうございました。

あいさつの流れ

①**同行のお礼**
最近増えている葬儀の日に初七日法要を済ましてしまう場合のあいさつの例。葬儀から火葬場、初七日と同行いただいた参列者に感謝の気持ちを伝えます。

⬇

②**感謝と今後のお願い**
葬儀の際にお世話になった僧侶や世話役の人たちに向かって感謝の言葉を述べるとともに、参列者に今後の厚誼を願います。

⬇

③**食事の案内**
故人の供養と世話になったお礼を兼ねた食事の案内をします。

施主のあいさつ

妻を亡くした四十九日法要のあいさつ

話し手
夫
60代

故人
妻
病死
50代

1分30秒

①本日はお忙しいなか、妻〇〇〇の四十九日の法要にお集まりいただきまして ありがとうございます。こうして親しい方たちのお顔を拝見すれば、妻もさぞかし喜んでいることでしょう。

おかげさまで納骨《のうこつ》の儀《ぎ》・四十九日法要を済ますことができました。これも、なにかとお導きをいただきましたご住職さまはじめ、今日お集まりいただいた有縁《うえん》のみなさまのおかげとあらためて感謝申し上げます。

②病気療養中は、親しいみなさまからお見舞いをいただいたり、励ましの手紙をいただいたり……。そのたびに妻は勇気をいただいたようで、顔を明るくして病気と戦う決意を語ってくれたものです。

まだ50代の若さで旅立った妻ではありますが、親しいお友だちやボランティアサークルの方たちとの交わりのなかで、充実した日々を送れたに違いないと思い、心が少しやすらぐとともに、あらためてみなさまに感謝するしだいです。

③本日はささやかですが、忌明けの膳《ぜん》を用意させていただきました。故人の供養《くよう》にもなりますので、ゆっくりお召し上がりください。

本日はどうもありがとうございました。

あいさつの流れ

①納骨式のお礼
四十九日法要のとき納骨を行うことが多いので、納骨式から参列してもらったお礼を述べます。

↓

②生前の厚誼のお礼
故人の友だちの出席が多い場合は、これまでのつき合いのお礼を。とくに病気見舞いなどをしてくれていたら、そのことにも触れて厚誼のお礼を述べましょう。

↓

③食事の案内
忌明けのときの食事は「忌明けの膳」という表現をします。

施主のあいさつ

父を亡くした四十九日法要のあいさつ

話し手
長男 50代

故人
父 病死 80代

1分30秒

①本日は、亡父○○の四十九日法要にご参会いただきまして、心よりお礼申し上げます。みなさまには通夜から葬儀、そのあとなにかとお世話になり、感謝申し上げるしだいです。

②生前の父は、大学卒業後一貫して船の設計に携わり、定年後のみなさまのおかげで、70歳を過ぎるまで現役の技術者でいられました。とにかく船が好きで、80歳ころまでぶらりと港に船を見に行くような父でした。

記憶のなかにある父は仕事ばかりの人で、子どものころはさびしい思いもしましたが、自分が働くようになってからは、充実した人生を送った父を誇りに思うようになりました。悔いのない人生だったに違いありません。

どう生きるかなどの助言をしてくれるような父ではありませんでしたが、生き方そのものが立派なアトバイスだったのかと思っています。

③そんな父でしたが、お酒が好きで亡くなる前の日まで、晩酌を楽しんでいました。「好きなものは海と酒」と言っていた父です。供養《くよう》にもなりますので、ご用意させていただいた酒肴を、どうぞごゆっくり召し上がってくださいませ。

本日は、ほんとうにありがとうございました。

あいさつの流れ

①**感謝の言葉**
葬儀から今日までのお世話と参会のお礼を。

↓

②**故人の思い出**
故人の仕事ぶりをテーマにしたあいさつ。立派な人生だったと子どもの口から感想を述べることで、供養になります。同時に、子どもから父が世話になったことへの感謝の言葉を。

↓

③**酒肴のすすめ**
「お酒が好きだった」のほか「にぎやかなことが好きだった」などを理由に、酒肴をすすめる決まり文句。

法要での施主のあいさつ

施主のあいさつ

五十日祭での施主のあいさつ（神式）

話し手
長男
60代

故人
母
病死
80代

1分30秒

①みなさま、本日は亡き母の五十日祭にお集まりいただき、ありがとうございます。遺族を代表しまして、ひと言お礼のごあいさつをさせていただきます。

母が生前大変お世話になりましたみなさまには、先日の葬場祭《そうじょうさい》、五十日祭とお運びいただきまして、感謝の言葉もありません。

②早いもので母が亡くなりまして50日になろうとしています。父と死別してから独りで暮らしていた家を弟と整理していると、私たち兄弟が子どものころに遊んでいたおもちゃや、授業で描いた絵などが押入からたくさん出てまいりました。モノを捨てるのが嫌いだった母らしい、とふたりで苦笑いをしました。しかし、こうした思い出こそが母の宝物だったと思うと、あらためて私たちへの愛情の深さを知ったしだいです。

いま思うと、弟とふたり、母にしてもらった記憶はいっぱいありますが、母にしてあげた記憶がほとんどないなあ、とため息をつきました。

③こんな母を偲《しの》び、今日は酒食の席も用意してございますので、ゆっくりお過ごしください。

本日はありがとうございました。

あいさつの流れ

①**感謝の言葉**
葬場祭（神式の葬儀）から五十日祭（神式の忌明け）に参列していただいたお礼を。

②**故人の思い出**
遺品の整理をしていたときに感じた故人の思い出をテーマにまとめた事例。母の愛情の深さに感謝したエピソードです。

③**酒食のすすめ**
神式も酒肴はOK。くつろいでもらうようにすすめます。

施主のあいさつ

母を亡くした一周忌法要のあいさつ

話し手
長女
40代

故人
母
病死
70代

1分30秒

①本日は、亡き母○○の一周忌法要にお集まりただきまして、ありがとうございます。葬儀、四十九日法要とみなさまにはお運びいただき、大変お世話になりました。

②さびしがり屋の母でしたから、このように多くのみなさまのお顔を見て、さぞや喜んでいることでしょう。

母が亡くなる前まで数年間、介護と看病をしてきたせいでしょうか、妹も私もしばらく気が抜けたような状態が続きました。それでも、それぞれ家族があることですから、日々の暮らしを懸命に生きているうちにやっと落ち着き、一周忌を迎えることができました。

母を失った悲しみによって、妹とのきずな、それぞれの家族のきずながより固くなったような気がします。結局、母がそう導いてくれたのだと、あらためて感じています。

③今日は、気持ちだけのお食事をご用意させていただきました。のちほど母の思い出話などを聞かせてください。どうぞ、ごゆっくり召し上がりください。

本日は、ほんとうにありがとうございました。

あいさつの流れ

①参列のお礼
葬儀、四十九日、一周忌と参列してくれたことへのお礼を述べます。

②1年間の出来事
故人が亡くなったあと、遺族がどのように過ごし、大事な人の死を受け入れていったかをテーマにしたあいさつ。立ち直った遺族のようすを伝え、お客を安心させます。

③酒肴のすすめ
故人の思い出を聞かせてくれるようにお願いし、酒肴をすすめます。

施主のあいさつ

子どもを亡くした一周忌法要のあいさつ

話し手

父親30代

故人

長女 交通事故 8歳

1分30秒

①本日は、私どもの長女○○の一周忌の法要にお集まりいただきまして、ありがとうございます。○○のお友だちのお母さんにまでお運びいただいて、ほんとうにありがとうございます。

②1年前私たち家族を襲った悲しみは、とても深く、ただ呆然とするばかりでした。正直申し上げると、葬儀から1カ月くらいの出来事はいまはっきり思い出せないほどです。妻も同じだと申します。5歳になる妹の△△が私たち夫婦を励ましてくれ、それによって日々悲しみが癒やされ、やっと事実を受け入れることができるようになりました。

大きな悲しみから家族が立ち直り、平穏な生活を蘇らせることこそ、○○が望んでいることに違いないと気づきました。この1年間いろいろ気づかい、お励ましいただいたみなさまにあらためて感謝するしだいです。

③これといったおもてなしはできませんが、お時間の許す限り、ゆっくりお過ごしください。なお、お帰り際ですが、○○が好きだった洋菓子を引き物としてご用意させていただいています。お荷物になりますが、お持ちください。

本日はほんとうにありがとうございました。

あいさつの流れ

①**参列のお礼**
亡くなった子どもの関係者に、わざわざ参列してくれたことへのお礼を。

②**悲しみからの立ち直り**
子どもを事故で亡くした悲しみから家族がどのように立ち直ったかをみなさんに語ります。感情的にならず淡々と語りましょう。

③**引き物の案内**
食事の案内とともに、引き物の案内を。故人が子どもですから、お酒を出してもおおっぴらにすすめないほうがいいでしょう。

施主のあいさつ

夫を亡くした一周忌法要のあいさつ

話し手
妻 40代

故人
夫 病死 40代

1分30秒

①本日はご多忙のところ、夫○○の一周忌の法要にご参列くださいまして、心からお礼申し上げます。夫が生前、お世話になっていた青山テクノサービス株式会社さまから大勢の方がお見えくださり、あらためて良い会社にお世話になっていたのだと感謝申し上げるしだいです。みなさま、わざわざのお越しありがとうございます。

②学生時代にレスリングをしていた夫は、頑丈なからだが自慢で、病気で会社を休んだことなど一度もなかったほどでした。それが、突然の心臓発作で帰らぬ人となりました。もうあれから1年たったのに、まだ玄関のドアを開けて「ただいま」と夫が帰ってくるような気がして、つい出てしまいそうになります。

と申しても、悲しんでばかりいられません。3人の子どもを立派に育てるのが残された私の仕事だと心得ているつもりです。また、お世話になることがあると思いますので、どうかよろしくお願いいたします。

③本日は、心ばかりの食事を用意いたしました。夫の思い出などをお話しいただきながら、ゆっくりお過ごしくださいませ。

本日はまことにありがとうございました。

あいさつの流れ

①**会社へのお礼**
夫が務めていた会社の人が大勢見えている場合は、そちらへの感謝の言葉を述べるのがマナーです。

②**妻の決意**
今後の行く末を心配する参列者に妻として、母として立派に生きていく決意を述べます。

③**酒肴のすすめ**
ゆっくりくつろいでいただけるように施主から酒肴をすすめます。

法要での施主のあいさつ

施主のあいさつ

追悼ミサでのあいさつ（キリスト教式）

話し手
夫
60代

故人
妻
病死
60代

1分30秒

①本日はお忙しいところ、亡き妻の追悼ミサにご参列くださり、ありがとうございます。妻が神に召されてから1年が過ぎました。

あっというまの1年であったような、10年くらいたった1年であったような、そんな複雑な1年間でした。

②妻とは学生時代、大学の教会堂で知り合い、ともに社会人になった3年目の春に結ばれました。妻はふたりの子どもを育てながら、中学生で教鞭《きょうべん》をとりました。愛情を深くもった女性で、教え子たちとの交流も活発でした。

葬儀のミサに百人を超える教え子たちが参列してくれたようすが、いまでもはっきり思い出されます。今日もたくさんの教え子のみなさんがお運びいただいていて、ほんとうにありがとうございます。また、妻の元同僚の先生、お友だちのみなさん、妻は天国からみなさんのお顔を拝見し、さぞ喜んでいることでしょう。

③本日はほんとうにどうもありがとうございました。

別室に茶菓の用意がしてありますので、お時間が許される方はどうぞゆっくりと妻の思い出話などを語り合ってください。

あいさつの流れ

①参列のお礼
カトリックで行われる追悼ミサでのあいさつ。まず、参列のお礼を述べます。

②妻の思い出
妻の人生を語りながら、おつき合いいただいた人たちへの感謝の言葉を述べます。

③茶菓のすすめ
キリスト教式ではお酒ではなく茶菓でもてなすのが一般的です。

施主のあいさつ

三回忌法要での親族代表のあいさつ

話し手
弟 30代

故人
兄 事故 30代

1分30秒

①本日はお忙しいところ、故○○○○の三回忌法要にお運びいただきまして、厚くお礼申し上げます。おじさん、おばさんはわざわざ北海道から来てくれて、ほんとうにありがとうございます。○○○○の会社関係のみなさまには、親族を代表してお礼申し上げます。

②兄が不慮の事故に遭《あ》いましたのは、さくら川の上流でございました。鮎釣りに出かけましたが、前日の雨で水かさがあったところで足を滑らせ帰らぬ人となりました。

　2年前に妻の幸恵さんと死別し、ふたりの子どもを残しての事故でした。心残りはあったでしょうが、心配はいりません。ふたりとも母とわたしが同居する家で、裕太は今年中学生、友佳里は小学5年生とすくすくと育っています。折に触れてご支援くださるみなさまのおかげと、ふたりになりかわりお礼申し上げます。

③本日は、ささやかではありますが、食事の用意もしてございます。ゆっくりお召し上がりください。帰りには、引き物もございますので、忘れずに受け取ってお帰りください。

　本日はほんとうにありがとうございました。

あいさつの流れ

①親族を代表して
参列者に対して親族を代表してお礼を述べます。

②子ども行く末
故人の事故の経緯を説明しながら、遺児がすくすく育っているようすを参列者に報告します。

③酒肴のすすめ
酒肴をすすめるとともに、引き物があることを案内します。

施主のあいさつ

三回忌法要での施主のあいさつ

話し手
長男 50代

故人
父 病死 80代

1分30秒

①みなさま、本日は亡き父、△△株式会社元会長○○○○の供養《くよう》のために、お忙しいところを多数ご列席いただきまして、まことにありがとうございます。おかげさまで父の三回忌法要を無事に営むことができました。

②みなさまご承知のように、父が50年前に創業したわが社は、父のワンマン経営会社といってもよい会社でした。持病を悪化させ7年前に引退したものの、それでも後ろで睨《にら》みをきかせることで、取引先さまからも信用をいただいていたのも事実でございます。それが、亡くなり私と弟が経営を引き継がせていただいた訳ですが、さぞや頼りなく、心配をおかけしたことでしょう。

この2年間、弟と寝食《しんしょく》を忘れて、がんばったつもりでございます。おかげさまで、少しずつ利益のあがる会社になっています。そのことを先ほど墓前にて報告いたしました。これも、今日参列いただいている、社員のみなさん、お得意さまのおかげと、ただ感謝するばかりです。

③今日は、なにもございませんが、ささやかな酒肴をご用意させていただいています。父の思い出話などをお聞かせいただきながら、時間の許す限りゆっくりお召し上がりください。

あいさつの流れ

①参列のお礼
三回忌法要に参列いただいたお礼を、施主から述べます。

②会社の後継
故人から会社を引き継いだ施主のあいさつの例。会社が無事に経営できていることと、協力いただいたことへの感謝の言葉をテーマにします。

③父の思い出話の促し
会社関係者など参列者の多い法要。主役の故人の思い出話などを促します。

施主のあいさつ

七回忌法要での施主のあいさつ

話し手
長女
40代

故人
父
病死
70代

1分30秒

①みなさま、本日は亡き父の七回忌法要のご案内を差し上げましたところ、このように多数の方のご参会を賜り、ほんとうにありがとうございます。父もさぞ喜んでいることと存じます。

②父が突然、脳出血で倒れ、そのまま帰らぬ人となって、6年になります。母を亡くしたあと、男手ひとつで私を育ててくれた父にこれから恩返しをしようと思っていた矢先の死でした。

たまたま実家を訪ねていた私が、倒れた父を病院に運んだそのとき、ほたる川の川岸の桜が満開だったのを憶えています。毎年、満開の桜を目にするたびに、父のことを思い出します。

葬儀はつい昨日のことだったような気がしますが、父が可愛がってくれていた、当時小学生だった私どもの長女と長男も、それぞれ高校生、中学生になっています。残された家族がみんな元気で、無事に過ごせているのも父が見守ってくれているからかもしれません。

③そんな父の好物を用意させていただきましたので、供養《くよう》だと思いゆっくりお召し上がりください。

本日はほんとうにありがとうございました。

あいさつの流れ

①参列のお礼
多数の参列に「故人も喜んでいる」とお礼の気持ちを表現します。

②葬儀後の暮らし
故人と関わりの深かった家族などが死をどのように受けとめ、そこから立ち直って元気に暮らしているかを参列者の前で報告し、供養とした例。

③故人の好物のすすめ
故人の好物を用意し、それを供養とします。

十三回忌法要での施主のあいさつ

話し手
長男 60代

故人
母 病死 70代

1分30秒

①本日は亡き母○○の十三回忌法要にお運びいただき、ありがとうございます。今日は、母の近しい方にご連絡を差し上げ、ごく内輪の法要にさせていただきました。大げさなことが嫌いだった母ですから、きっと許してくれると思います。

②母が亡くなったとき、私は海外に転勤していまして、仙台のおじさんに連絡いただき、飛行機に飛び乗ったしだいでした。おかげさまで最期のお別れができて、どれほど癒《い》やされたかしれません。

葬儀、一周忌、三回忌、七回忌と親戚のみなさまにご助力いただき、なにかとお世話になり、ほんとうにありがとうございました。私も3年前に定年退職し、ゆっくり母の故郷を訪ね、お墓にもときどきは参れるようになりました。

③今日はささやかな食事を用意させていただきました。もう仏さまになって月日がたちますので、多少の無礼も許してくれるでしょう。お酒もたっぷりご用意させていただいていますので、どうぞごゆっくりお過ごしください。

ほんとうにありがとうございました。

あいさつの流れ

①内輪の会である断り
十三回忌ともなるとごく内輪の会になるのが一般的です。そのことを断るあいさつからはじめます。

②葬儀後、世話になったお礼
葬儀の際や、法要の折など12年間に世話になったことを取り上げあらためて感謝の言葉を述べます。

③酒肴のすすめ
十三回忌ともなると、供養にもなるので堂々と酒肴をすすめてもいいでしょう。

施主のあいさつ

三十三回忌法要での施主代理のあいさつ

話し手
孫 50代

故人
祖父 病死 80代

1分30秒

①みなさま、本日はお忙しいところ、故○○○○（俗名《ぞくみょう》）、○○院○○居士（戒名）の三十三回忌法要ご列席いただきまして、まことにありがとうございます。本来であれば、父△△が施主を務めさせていただくところですが、病気療養中につきこの場に出向くことができませんでした。
大変僭越《せんえつ》とは存じましたが、孫の私がみなさまにご連絡を差し上げることとなりました。
②祖父が亡くなったのは、私が学生時代のときでした。仕事にきびしい宮大工の職人だったという話でしたが、私の記憶のなかの祖父は、いつもやさしい笑顔で、風呂好きな好好爺《こうこうや》でした。そんな祖父が、怠惰な学生生活を送っていた私に「勉強は一生続けるものだよ」と言ってくれました。その言葉が、祖父の遺言のようになってしまい、怠けたくなるとその言葉を戒《いまし》めにしてきました。
③祖父はお風呂のあと、ゆっくり日本酒を2合飲むのをなによりの楽しみにしていました。今日は、祖父の供養《くよう》ですから、お時間の許す方は、ゆっくりお召し上がりください。
どうもありがとうございます。

あいさつの流れ

①施主の代理である断り
施主が出られない事情を簡単に説明し、代理を務める断りを述べます。
↓
②故人への思い出
三十三回忌なので遠い昔の思い出になりますが、世話になったことがあればそのことをテーマに。
↓
③酒肴のすすめ
三十三回忌ともなると、堂々と酒肴をすすめても大丈夫。故人が酒好きならなおさらです。

法要のあとの手紙

形見分けを贈るときの手紙

故人が大切にしていた遺品などを親しい人たちに贈るのが「形見分け」です。通常は忌明けである四十九日法要後に行います。形見分けを知らせるのは電話でもかまいませんが、手紙のほうがていねいです。

形見は目上の方には贈らないのがマナーで、「上げる」のではなく「もらっていただく」ものなので、手紙もその点をわきまえ、押しつけがましくならないようにするのがポイントです。

遠方からわざわざ法要に参列いただいたお礼の手紙

田舎などからわざわざ法要に来ていただいた場合は、感謝の気持ちを手紙で伝えましょう。

故人と相手との関係、何回忌の法要だったかによって、書くべき内容は違ってきますが、わざわざ足を運んでくれた温かい心と励ましにお礼を述べることが大事です。

もちろん近くに住む方であっても、無事に法要を済ますことができたお礼を手紙で述べるにこしたことはありません。

とくに、身内ではない人で参列してくれた目上の方で、例えば故人の会社の上司や恩師や仲人さんなどには、わざわざのお運びの礼は述べたいものです。

法要のあとの手紙

形見を贈るときの手紙

①拝啓　早春の候、みなさまにはお変わりございませんでしょうか。
過日、夫○○の葬儀、四十九日法要にはご参列いただき、ほんとうにありがとうございました。夫の学生時代の貴重なお話を聞かせていただき、どれほど気持ちが落ち着いたか知れません。
②忌明け後、遺品を整理しておりましたら、イギリスに旅行した折に買い求めた万年筆が出てまいりました。あなたさまとは学生時代、同人雑誌を主催していたとお聞きしています。
　夫もさぞ喜ぶと思いますので、もしよろしければ、形見として受け取っていただけないでしょうか。お許しいただければ、後日お送りいたします。お手数をおかけして恐縮ですが、ご一報いただければ幸いです。
③季節柄お風邪などを召しませんように。まずはご会葬のお礼まで。
かしこ

書き手
妻
60代

故人
夫
病死
60代

相手
故人の友人

手紙の流れ

①会葬のお礼
葬儀、法要に参列いただいたお礼を述べ、どれほど励まされたかわからないことを強調します。

②形見分けの内容
形見分けを贈る理由と、受け取ってもらいたいこちらの気持ちを率直に伝えます。

③相手への気づかい
相手への配慮を述べてまとめます。

法要のあとの手紙

遠方から見えた参列者への手紙

①謹啓　初夏の候、ますますご健勝のこととお喜び申し上げます。亡き妻の一周忌法要には、わざわざ遠方よりお運びいただき、ほんとうにありがとうございました。

②あなたさまのことは生前、妻よりいろいろ聞かせていただいておりました。故郷の野山を駆ける姉妹のようだった、とうれしそうに思い出話を語ってくれたものでした。そんなあなたさまに、一周忌法要に来ていただけたら、どんなに妻も喜ぶかと図々しくもご案内状を差し上げたしだいです。

こちらの心配をよそに、さっそく駆けつけてくださり、感謝の言葉もありません。

③わざわざお越しいただきましたのに当日は、なんのおかまいもできず大変失礼をいたしました。どうか、お許しください。これから梅雨にかけ体調を崩しやすい季節です。くれぐれもご自愛のほどを。

敬白

書き手
夫 50代

故人
妻 病死 50代

相手
故人の友人

手紙の流れ

①参列へのお礼
遠方から見えたことへのお礼を。

②案内状を送った理由
生前、故人が親しくしてもらっていたことを述べ、案内状をお出しした理由を伝えます。

③当日のお詫び
施主として接客に追われ十分に接待できなかったお詫びをします。

法要のあとの手紙

故人の恩師への手紙

①拝啓　晩秋の候、ご清祥のことと拝察申し上げます。先日は滝川先生をはじめ第一中学校元3年C組のクラスのみなさまには、わざわざ長男○○の三回忌法要にご参列いただきまして、ほんとうにありがとうございました。

②みなさまのおかげで、明るい法要になり、○○もどんなに喜んだことかわかりません。これも、滝川先生がご差配くださったおかげと感謝申し上げます。

○○の親友だったみなさんがこれから先、どんな立派な大人になるのか、わが子の行く末を見るようで楽しみです。

③滝川先生には、ますますのご活躍をお祈り申し上げます。生徒さんたちはみなさま、大学受験の季節、どうか全員ご希望の学校に入学できますように、陰ながらお祈り申し上げます。もし、みなさまにお会いになる機会がございましたら、お伝えくださいませ。お礼とお祈りまで。

かしこ

書き手
母 40代

故人
長男 事故死 10代

相手
故人の担任

手紙の流れ

①参列へのお礼
故人である長男の恩師とクラスメイトに対し参列のお礼を述べます。

②法要でのようす
法要を明るい雰囲気にし、遺族を癒やしてくれたことへのお礼とクラスメイトの今後の活躍への祈り。

③今後の活躍の祈り
クラスメイトの今後の活躍を祈りながら、あらためて生徒たちと法要に参列してくれたことを感謝します。

法要のあとの手紙

仲人へのお礼の手紙

書き手
夫 30代
故人
妻 病死 30代
相手
仲人

①謹啓　陽春の候、田中さま、奥さまには過日、亡妻○○の三回忌法要にお運びくださいまして、厚くお礼申し上げます。わたくしども夫婦の縁をお結びいただいた田中さまご夫妻にご参列いただきましたこと、妻もさぞ喜んだことと存じます。

②生前の妻は奥さまを実の母親のように慕って、折に触れてアドバイスをいただいていたようすです。病気が悪化していくたびに、奥さまに励まされたと、亡くなったあと妻の日記で知りました。ほんとうにありがとうございました。

妻が亡くなって2年、3人の子どもを育てるのがやっとで振り返る余裕さえなかったのですが、田中さまご夫妻に受けたご恩は身にしみます。

③まだまだ寒い日が続きます。体調を崩さぬようにご自愛ください。

敬具

手紙の流れ

①**参列へのお礼**
三回忌法要に夫婦で参列してくれたことへのお礼を述べます。

②**生前受けた恩**
生前故人が受けた恩に対し感謝し、あらためてお礼の気持ちを伝えます。

③**体調への気づかい**
結びの決まり文句、「風邪など召しませんように」「お体お大事に」など。

Part 3

会葬者のマナー・あいさつ・手紙

とりあえずの弔問をする

平服で伺い 香典は持参しない

親しい知人の死亡通知を受けたら、通夜・告別式の前にとりあえず弔問にかけつけます。ご近所の場合も同様です。

緊急のことですから平服でかまいませんが、派手なものは避け、アクセサリーは外します。喪服を着用すると、死を予期していたようでかえって失礼にあたりますから注意しましょう。香典《こうでん》も、通夜か告別式に改めて持参します。

喪家《そうけ》では、お悔やみを述べ、遺族に慰《なぐさ》めといたわりの言葉をかけます。手伝いを申し出、必要がないようなら、長居をせずに退出します。

遺族から 対面の促しがあったら

遺族から「ぜひ会ってあげてください」、「顔を見てあげてください」と促しがあったら、言葉に従いましょう。

故人が和室に安置されていたら立ったまま近づかず、腰を落としてひざで進むのがマナーです。故人を上から見下ろさないようにするためです。

近づいて故人に一礼し遺族が白布を上げてくれたら、また深く一礼します。このとき故人に語りかける人もいます。お別れが済んだら、遺族にも一礼して下がります。

一般的には 通夜・告別式に参列

親族、身内、あるいはそれと同

等の間柄であれば、とりあえずの弔問にかけつけますが、そうでなければ、通夜か告別式に参列します。日時、場所を確認し、知人に連絡をします。

弔電を式場に打つ場合には、故人の名前と喪主の名前が必要になることもありますので確認しておきましょう。

故人が友人のご両親などの場合、名前がわからないことが多いものです。式の日程がわかったら、故人と共通の知人と連絡をとりあって相談し、なるべく多くの人に知らせるようにしましょう。

もともと通夜は、故人を悪鬼から守り、その霊と最後に語り明かすために、夜を通して行う儀式でした。その風習はだんだんとすたれてきていますが、いまでも通夜は故人と親しい人によって営まれ、一般的な知人は告別式に参列するのが基本です。

しかし、最近はそれほど親しくない人でも平日の昼であることが多い告別式は仕事の関係で遠慮し、通夜に弔問することが増えています。

通夜・告別式に出席できない場合

病気や出張などで、通夜・告別式に出席できない場合は、すぐに弔電かお悔やみの手紙を出します。香典は、参列する人に預けるか、現金書留で送るかします。妻や息子などの身内、あるいは会社の部下などが代理で参列することもあります。

また、結婚や出産など慶事が近い人は、通夜・告別式の弔問を遠慮します。代わりに弔電あるいは、手紙でお悔やみを述べますが、遠慮する理由を書く必要はありません。慶事が終わってから、改めて弔問しましょう。

とりあえずの弔問でのお悔やみの言葉

「ご愁傷《しゅうしょう》さま」のひと言を

とるものもとりあえずの弔問ですから、慌ててしまい、なかなかあいさつができないことが多いものです。どんな場合でも使えるのが「このたびは、ご愁傷さまでございます」という言葉です。

さぞお嘆きお悲しみでしょうと、遺族の気持ちを察し、いたわる言葉です。このあとの言葉がうまく続かなくても、これだけ言ってお辞儀をすれば立派なあいさつになります。

真心込めてお悔やみの言葉を述べる

お悔やみのあいさつは、故人の死への驚きや残念な気持ち、そして遺族への慰め、いたわりの気持ちを言葉にするものです。

タブーとされる忌《い》み言葉（下表参照）もありますが、とりあえずの弔問では、あまり細かいことは気にせず、真心であいさつをすれば十分です。故人と親しい間柄だった者として、逝去《せいきょ》の悲しみを遺族と分かちあう気持ちで臨みましょう。

とくに親しい間柄であれば、手伝いの申し出をするなど、協力を惜しまない態度を相手に伝えましょう。

弔辞の忌み言葉

くり返しを連想させる言葉	重ねて、続いて、再び、またまた、たびたび、しみじみ、次々など
不吉な連想をさせる言葉	消える、浮かばれない、迷うなど
不吉な数字	四（「死」に通じる）、九（「苦」に通じる）

◆とりあえずの弔問でのお悔やみの言葉

このたびは、ご愁傷さまでございます。心からお悔やみ申し上げます。

お知らせをいただき、急ぎまいりました。まことに、ご愁傷さまでございます。

お悔やみ申し上げます。このたびは残念なことでございました。どうかお力落としなさいませんように。

急なことで驚きました。まだ信じられない思いでございます。心からご冥福《めいふく》をお祈り申し上げます。

悲しいお知らせに信じられない思いでございます。お悔やみ申し上げます。何かお手伝いできることがありましたら、ぜひやらせてください。

!ポイント

●遺族の気持ちを慰め、思いやりの言葉をかけます。
●心から故人の冥福を祈ります。
●「突然のこと」「急いで来た」など自分にとって予期せぬ出来事だったことを伝えます。
●親しい場合は手伝いを申し出ます。
●多くは語らず、たんたんとお悔やみの気持ちを伝えます。あまり感情的になると、相手がよけいにつらくなります。
●声のトーンは低めにして、悲しい気持ちを表します。

◆長期入院していた場合

残念なことでございます。お見舞いに伺ったときには、ご回復に向かっておられるとばかり思っておりました。

ご家族のみなさまもさぞかしおつらいことでしょう。最後までよく看病なさいました。

○○さまもきっと安心して旅立たれたことでしょう。心からご冥福《めいふく》をお祈り申し上げます。

◆事故などによる急死の場合

このたびは突然なことで驚きました。まだ信じられない思いでございます。ご家族のみなさまは、さぞかしご無念のことでございましょう。

ご心中お察し申し上げます。私にできることがあれば、なんでもおっしゃってください。○○さんのために何かしたい気持ちでいっぱいです。

ご冥福をお祈り申し上げます。

ポイント

●長期入院の末の逝去の場合、家族の苦労をさりげなくねぎらいます。

●事故死など急死の場合、死因などを知っていても弔問客からは話さないようにします。

●事故死など急死の場合は、遺族は心の準備ができていないのがふつうです。悲しみもひとしおでしょうから、それをあおらないように落ち着いた態度で慰めましょう。

●親しい間柄であれば、手伝いの申し出をします。「故人のために何かしたい」という申し出もていねいです。

◆故人が高齢の場合

このたびは、残念なことでございました。お悔やみ申し上げます。今年も達筆の年賀状をいただき、お元気だと喜んでおりましたのに、こんなことになりまして。もっと長生きをしていただきたかったのですが、私も寂しくなります。ご冥福をお祈りいたします。

◆夫を亡くした妻へのお悔やみ

このたびは、さぞかしお力落としのことでございましょう。頼りのご主人がご不幸に見舞われて、お慰《なぐさ》めする言葉もございません。どうか気をしっかり持たれてください。

◆妻を亡くした夫へのお悔やみ

このたびは奥さま、本当に残念でございます。いつもにこやかで、おやさしかった奥さまがこんなことになるとは。ご主人さまもさぞかしお悲しみのことでしょう。心からお悔やみ申し上げます。

ポイント

●故人がどんなに高齢でも、「天寿をまっとうした」「長命だからしかたがない」などは禁句。遺族の気持ちを思い、もっと長生きをしてほしかった、という気持ちをこめます。

●伴侶を亡くした場合、悲しみは想像を超えるものがあるはずです。多くの言葉はかけずに、やさしかった人柄などに触れ、故人を偲ぶ言葉をかけます。

●「やさしい人だった」「温かい人だった」「親切な方だった」など故人の人柄にふれ、惜しい人を亡くしたという思いを相手に伝えます。

お悔やみの言葉

弔電を打つ

115番かインターネットで

不幸の知らせを受けても、通夜・告別式に参列できない場合には、速やかに弔電を打つかお悔やみの手紙を出します。

弔電は電話115番か、インターネットのNTTのホームページから申し込みます。台紙が選べる上に、文例もあり便利です。文例は電話帳に載っていますから、その番号をオペレーターに告げれば、そのまま送ることができます。ホームページにも同じ文例が掲載されており、こちらは自分で操作すれば打つことができます。たとえばこんな例があります。

■電報の例文

7506　ご生前のご厚情に深く感謝するとともに、故人のご功績を偲《しの》び、謹《つつし》んで哀悼《あいとう》の意を表します。

7513　○○○様のご逝去《せいきょ》を悼《いた》み、謹んでお悔やみ申し上げますとともに心からご冥福《めいふく》をお祈りいたします。

例文通りでは物足りない方は、NTTやこの本を参考にして、受け取り人に合わせたアレンジを加えて心のこもった弔電を打ってください。

忌み言葉に気をつける

弔電を送る先は、故人の家か斎場です。斎場の場合は、故人の名前か喪主の名前が必要になる場合もありますので、よく確かめましょう。

また弔電は、通夜か遅くとも告別式までには届くようにします。告別式では、弔電を読み上げ紹介しますので、忌み言葉（180ページ）に気をつけて書きましょう。

◆一般的な弔電

○○○○さまのご逝去を悼み、心より哀悼の意を表します。

○○○○さまの悲報に接し、心よりご冥福をお祈り申し上げます。

◆両親を亡くした知人への弔電

ご尊父さまのご逝去の報に接し、ただただ驚愕《きょうがく》しております。衷心《ちゅうしん》より哀悼の誠《まこと》を申し上げます。

ご母堂さまの訃報《ふほう》に接し、ご家族のみなさまのお悲しみはいかばかりかとお察し申し上げます。生前のほがらかなお姿を偲びつつ、心よりご冥福をお祈り申し上げます。

◆夫を亡くした妻への弔電

ご主人さま急逝の報に、驚きと悲しみを禁じえません。故人のご冥福を心からお祈りするとともに、奥さんがお二人のお子さまの道しるべとなられますよう願っております。

！ポイント

●故人の知人である場合、弔電は喪主宛に打ちます。喪主が故人の息子さんであれば、「ご尊父さまの…」となります。

ちなみに主な敬称は次のようになります。

父…ご尊父さま、
　お父上さま
母…ご母堂さま、
　お母上さま
夫…ご主人さま
妻…ご令室さま、
　ご令閨（けい）さま
息子…ご子息さま、
　ご令息さま
娘…ご息女さま、
　ご令嬢さま

◆葬儀に参列できない場合

○○○○さまの訃報に接し、最後まで病魔と闘い続けたその姿を称え、哀悼《あいとう》の意を表します。即座にかけつけお別れのあいさつをしたいのですが、遠隔の土地よりご冥福《めいふく》をお祈りいたします。ご家族のみなさまに心からお悔やみ申し上げます。

◆子どもを亡くした親への弔電

ご子息さまの突然の訃報《ふほう》に接し、申し上げる言葉がみつかりません。前途洋洋たるときの悲劇に、ご家族のみなさまのお嘆きはいくばかりかとお察し申し上げます。安らかなご冥福を心よりお祈り申し上げます。

ご令嬢さまのあまりにも若きご他界に、驚きと悲しみに包まれております。ご両親さまのお嘆きはいかばかりかと胸のつぶれる思いでございます。生前のお美しき姿を偲《しの》びつつご冥福を祈念いたします。

ポイント

●遠方にいて通夜、告別式に参列できない場合、遠方にいる理由を詳しく書く必要はありません。ただ、参列したいという気持ちを表せば十分です。
●子どもを亡くした両親に送るお悔やみや弔電は、ただただ、ともに悲しむ気持ちを伝えます。そして、故人の冥福を祈る言葉を捧げます。

◆故人が幼い子どもの場合

○○ちゃんが天に召されたことを聞いて、大変に驚き残念でなりません。いつも元気で、くるくると目を輝かせては、やんちゃをしていた○○ちゃんの姿が今も目に浮かびます。ご両親をはじめご家族のみなさまのお悲しみはいかばかりかと身を切られる思いでございます。○○ちゃん。天国で安らかに遊んでくださいね。

◆故人が恩師の場合の弔電

○○先生の逝去《せいきょ》の報に接し、ご生前のご人徳ご功労を偲び、謹んでご冥福をお祈り申し上げます。遠方ゆえお別れがかないませんことをお許しください。先生のご薫陶《くんとう》はいつまでも忘れません。

◆ビジネスでの弔電

社長さまの急逝に接し、ご生前のご厚情に感謝をいたし、ご功績に敬意を捧げますとともに、衷心《ちゅうしん》よりご冥福をお祈り申し上げます。

ポイント

●遠方にいて通夜、告別式に参列できない場合。遠方にいる理由を詳しく書く必要はありません。ただ、参列したいという気持ちを表せば十分です。

●子どもを亡くした両親に送るお悔やみや弔電は、ともに悲しむ気持ちを伝えます。そして、故人の冥福を祈る言葉を捧げます。

通夜での弔問のマナー

準喪服か略礼装で

一般の弔問客は通夜へは準喪服あるいは略礼装で参列します。準喪服は、男性がブラックスーツ、女性がブラックフォーマルウエア（49ページ参照）。略礼装はダークスーツなどです。

略礼装の場合、男性は光沢のない黒いネクタイを締め、女性は派手なアクセサリーなどははずします。時計も華麗なデザインものははずしたほうが無難です。

さらに注意したいのは携帯電話です。不用意に着信音が響かないよう忘れずにマナーモードに設定しましょう。

略礼装の服

ダークスーツに黒のネクタイ

ダークスーツに派手なアクセサリーははずす

香典を用意する

通夜に参列する場合は、香典《こうでん》を用意します。金額は故人との関係や、あなたの年齢、社会的地位などによって異なりますので、同じ立場の人と相談して決めるとよいでしょう。

香典袋は「御霊前《ごれいぜん》」が一般的です。浄土真宗では「御仏前」、神式では「玉串料《たまぐしりょう》」「御榊料《おんさかきりょう》」、キリスト教プロテスタントでは「お花料」、カトリックでは「御ミサ料」と上書きします。

新札は、いかにも死を予期して用意していたようであるからと、避けるのが一般的です。手元に新札しかない場合には、1回折って折り筋をつけます。

表書きは薄墨を使うのが正式です。

供花や供物を贈る

故人の親類、あるいは特に親しかった人は、生花などの供花《くげ》や供物を贈ります。他の人とのバランスがありますから、同じ立場の人と相談するとよいでしょう。また、最近は会場の都合で、供花や供物を辞退することも多くなっています。さらに、宗教によって内容がことなりますから、葬儀社などによく相談してください。

受付→焼香→通夜ぶるまいの流れで

通夜を弔問したら、まず受付にあいさつします。「この度はご愁《しゅう》傷《しょう》さまでございます」が一般的ですが、相手が親しい人や部下であれば、さらに「お疲れさまです」「ご苦労さまです」と声をかけてもよいでしょう。

次に香典をふくさから取り出し、相手から見て表書きが正面になるように渡します。

さらに記帳をし、礼拝・焼香《しょうこう》をします。そのあと通夜ぶるまいを勧められますが、故人とそれほど親しくない場合はすぐに辞去してもかまいません。しかし、遺族から声をかけられたら、席に着き少しでも口をつけましょう。ただ、あまり長居はせず、ころあいを見て退席します。

焼香のマナー

焼香のやり方

焼香《しょうこう》にはかぐわしき香りで仏前を清める意味があります。お通夜でも葬式・告別式でも、参列者は必ず焼香をしますから、マナーをよく覚えておきましょう。

ただし、焼香には宗派によって「焼香の回数」、「抹香の捧げ方」などのしきたりが違いますので注意が必要です。また、弔問客が大勢の場合、進行係から「焼香は1回でお願いします」と声がかかることもあります。

そうしたとき、自分の宗派は3回が決まりだからと我を張るのは迷惑です。周囲に合わせすみやかに焼香を済ますのが肝心です。

和室では膝で進む

斎場のお通夜ではたいがい立って焼香しますが、自宅では和室で座ってすることが多いものです。和室では、まず焼香台前の座布団をはずし、畳の上に座ります。そして焼香後は、立ち上がらずにそのままにじり下がります。和室のマナーでは、移動するのに立って歩くことはタブーです。膝で進んで、にじり下がるのが正式です。

立礼の焼香のしかた

①**祭壇に進む**
祭壇に進み、遺族に目礼し、故人の遺影に向かって一礼します。

②**合掌する**
数珠を持っていれば、左手に持ちます。

③抹香を捧げる

合掌から右手をはずし、抹香をつまみ、目の高さぐらいまで持ち上げ捧げます。

④抹香を静かに香炉の中へ落とす

③と④を繰り返すか、1回で終わるかは宗派によって違います。よくわからなかったら、周囲の人を観察して、その通りにまねます。

⑤合掌する

あらためて、遺影に向って合掌します。

⑥後ろ向きのまま2、3歩下がる

⑦向きを変え、遺族に一礼する

※焼香の数や、つまんだ抹香の捧げ方などは、宗派によって違いますので、注意が必要です。例えば、焼香の数は、真言宗・曹洞宗が3回。天台宗・浄土宗・日蓮宗・日蓮正宗は1～3回。臨済宗は1回。浄土真宗本願寺派は1回、大谷派は2回。さらに、抹香の捧げ方は、臨済宗、浄土真宗では額までは上げません。

座礼の焼香のしかた

①霊前に進む

焼香の順番が来たら周囲に軽く会釈して霊前に進みます。

②遺族に一礼する

焼香台の手前で座り、遺族に一礼します。

③祭壇に一礼する

祭壇の遺影に向かって一礼します。

④祭壇前まで膝行する

そこからは立ち上がらず、膝で祭壇前までにじりより（膝行）します。

⑤正座で焼香する

立礼での焼香のしかた（191ページ参照）と同様に、焼香します。

⑥合掌し祭壇から下がる

焼香がすんだら合掌し、祭壇前から膝行で下がり（座蒲団から下りる）遺族、僧侶に一礼してから立ち上がって席に戻ります。

回し焼香のしかた

①軽く礼をして香炉を受け取る

香炉が回ってきたら、軽く礼をして受け取ります。

②祭壇に向かって礼をする

香炉を自分の前に置き、祭壇に向かって合掌礼拝します。

③焼香する

抹香を3本の指でつまみ、静かに炉に落とします。

④合掌して次の人へ回す

合掌してから一礼し、炉を次の人に回します。

数珠の持ち方

①合掌するとき

短い数珠を持って合掌するときは親指と人さし指の間にかけます。

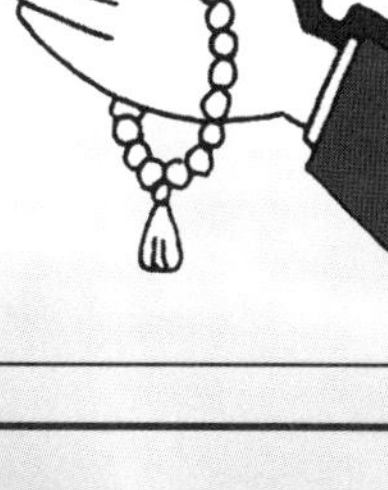

②焼香するとき

前に差し出した左手に数珠をかけ、右手で焼香します。

神式、キリスト教式では

焼香するのは仏式だけです。神式では、玉串奉奠《たまぐしほうてん》を行います。玉串とは、榊か常盤木の枝に幣《しで》という稲妻のような白い紙をつけたもので、これを参列者一人一人が故人に捧げます。

●キリスト教式

キリスト教式では献花があり、これも一人一人が故人に捧げます。

焼香のほかに数珠も仏式だけですから注意してください。キリスト教カトリックには、ロザリオという珠がついた十字架があり、見た目や使い方がやや数珠に似ています。ロザリオには大珠6個と小

キリスト教式の献花

①花を受け取り祭壇に進む

順番がきたら、祭壇に進み遺族に一礼して両手で花を受け取ります。

②花を献花台に捧げる

茎を祭壇に向けて、献花台に捧げます。

③黙祷する

手を合わせ黙とうするか、あるいは深く一礼します。

④祭壇から下がる

前を向いたまま2～3歩下がり、遺族に一礼して戻ります。

さい珠53個が通されていて、お祈りをするごとにひと珠ずつ指で繰っていくのです。

●神式

　最後に神式の礼は独特ですので説明しましょう。いわゆる、「二拝・二拍手・一拝」と呼ばれます。まず、2回深くおじぎをし、次に二回音が出ないように手を打ちます。最後に再び一回深くおじぎをします。初詣などで神社に参拝するときも、「二拝・二拍手・一拝」が正式です。

　しかし、慶事や普段のお参りでは、拍手《かしわで》をポンポンと音をたてますが、弔事では音を立てない「しのび手」を打ちます。一年祭までこのしのび手にするのがマナーです。

神式の玉串奉奠

①手水《ちょうず》の儀
式場に入る前に参列者はこの儀式を行い身を清めます。（69ページ参照）

②玉串を受け取る
祭壇に進んだら遺族に一礼して神職から玉串を受け取ります。

③玉串を捧げる
玉串を正面に立てるように持ち、玉串を半回転させて根元が向こう側になるように置きます。

④しのび手を打つ
二礼、しのび手（音を立てない柏手）で二拍、一礼の拝礼をし、数歩下がって遺族と神職に一礼して下がります。

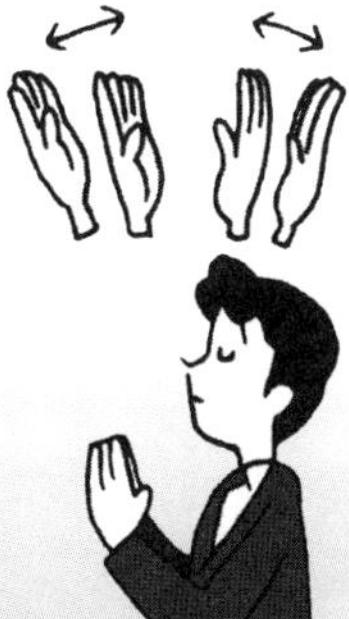

故人との対面のしかた

遺族からすすめられたら対面する

故人との対面は弔問客のすべてがするものではありません。遺族から「会ってやってください」と声をかけられたら対面するのだと思いましょう。

遺族にお悔やみの言葉を述べ、対面をすすめられたら「ありがとうございます」とお礼を述べます。

次に遺体の枕元に正座し、手をついて一礼。遺族が白布をはずしてくれるのを待ちます。

白布がはずされたら対面し、一礼。さらに合掌します。

少し下がって、遺族へお礼を述べ一礼して退席します。

以上が対面の順序ですが、もし自分が取り乱してしまいそうだったら「かえってつらくなりそうですので、ご遠慮させていただきます」と断ってもかまいません

ポジティブな感想を

故人との対面は、慣れていないと衝撃が大きいものです。遺族の方とどのように話してよいものかわからず、動揺してしまいがちです。お礼を述べること、故人の顔を「安らかなお顔で」などとポジティブに表現することの2点に気をつけていればよいでしょう。

余裕があれば、個人の生前の思い出を話すと、遺族の人たちは格別にうれしいでしょう。故人を偲《しの》び、あの世に無事に旅立つよう祈るのが通夜・告別式の意味なのですから。

◆対面をすすめられたら

「ありがとうございます。それでは、お別れさせていただきます」

「ありがとうございます。ごあいさつさせていただきます」

（辞退する場合）

「ありがとうございます。かえってつらくなりますので、ご遠慮させていただきます」

◆対面が終わったら

「安らかなお顔ですね。ありがとうございました」

「ご生前のままの優しいお顔ですね。ほんとうに心の広い方でした。ありがとうございました」

「静かなお顔ですね。いつも落ち着いていらした○○さんらしいご最期で。ありがとうございました」

「きれいなお顔で。○○さんは、いつもキチンとした身なりをなさっておいでででした。ご冥福をお祈りいたします」

「眠っているようなお顔で。本当にかわいらしい、元気なお子さんでした。ご冥福をお祈りいたします」

❗ポイント

●対面をすすめられたら、まずお礼を述べます。

●事故や衰弱がはげしい場合など、対面することができないこともあります。対面を申し出る場合は、それを願っているかどうか遺族の気持ちを配慮しましょう。

●辞退する場合は、「気分が乗らない」などストレートな表現は避けます。

●対面が終わったら、対面の感想を述べるのが決まりです。「安らかなお顔ですね」など、遺族が聞いて安心するような言葉をかけてあげましょう。

お悔やみの言葉

自信がない人は心をこめたひと言で

お悔やみの言葉は、こうした場に慣れていないで自信のない人は「このたびはご愁傷さまでした」のひと言が言えれば上等です。心をこめてゆっくりと述べましょう。目は自然と伏目勝ちになるはずです。

しかし、年齢を重ね社会的な地位ができてきたり、遺族と親しい間柄だったりすると、ひと言ではそっけなさすぎます。決して長々としたお悔やみがよいわけではありませんが、故人を偲《しの》び、冥福《めいふく》を祈り、遺族をいたわる気持ちを表現して伝えましょう。

お悔やみは次のように4つの流れで組み立てましょう。

①自分の名前、故人との関係を述べる

遺族の方と初対面のこともありますので、まず自分が誰なのかを名乗ります。

②お悔やみの言葉を述べる

「ご愁傷《しゅうしょう》さまでございます」がそれにあたります。

③驚きや無念、故人の人柄を偲ぶ言葉を述べる

もっとも心が伝わるフレーズです。

④遺族へのいたわり

お悔やみの最大の目的は、遺族をいたわることです。

忌み言葉に注意する

お悔やみには使ってはいけない忌《い》み言葉（180ページ）がありますから、注意しましょう。

×「かえすがえすもご愁傷さまです」（繰り返す言葉）

×「こんな最期では○○さんも浮かばれないでしょう」（不吉な言葉）

◆一般的なお悔やみの言葉

○○さんの会社の後輩で△△と申します。このたびは、ご愁傷さまでございます。○○さんには大変にお世話になりました。心からご冥福をお祈り申し上げます。

このたびは残念なことでございます。私も大変驚いております。どうかお力を落とされませんように。

このたびのご不幸、ご愁傷さまでございます。これからいろいろとできる方でしたが、残念なことでございました。ご家族のみなさまもさぞかしお力落としのことでしょう。

このたびは思いがけないことで、お悔やみ申し上げます。○○さまには生前、仕事の関係で大変にお世話になった者です。まだ活躍していただきたかったのに、残念な気持ちでいっぱいです。どうか、遺族のみなさまにはお気を落とされませんように……。

！ポイント

●初対面の場合は、自己紹介と故人との関係を簡単に紹介します。仕事や職場の関係者か学生時代の友人かなど。
●事故などでの急死の場合は驚きやとまどいをストレートに伝え、お悔やみの言葉を述べます。
●自分が知る故人の生前の活躍ぶりを伝え、逝去を惜しみます。
●最後に一番悲しい思いをしている遺族に対して思いやりの言葉を述べます。ただ、この時点で「がんばってください」といったはげましの言葉は、まだ早いので慎みます。

◆病死の場合

このたびは、ご愁傷《しゅうしょう》さまでございます。病気療養中とは伺っておりましたが、まさかこんなことになるとは思ってもおりませんでした。お悔やみ申し上げます。ご家族のみなさまのお悲しみはいかばかりかと思いますが、どうか看護の疲れが出ないように、お体を大切になさってください。

お見舞いに伺ったときには、お顔の色もよくご本復《ほんぷく》も近いと思っておりましたのに残念です。ご家族のみなさま、とくに奥さまはさぞかし看護が大変だったことでしょう。

お見舞いに参上できなかったことが、本当に心残りです。ご家族のみなさまの手厚いご看護にもかかわらず、こんなことになるとはとても残念です。どうかみなさまには、ご看護の疲れが出て体調など崩されないようくれぐれもご自愛くださいませ。

ポイント

●まず、お悔やみの言葉を述べます。

●病気療養中で、余命が限られていたことを知っている場合でも、「まさかこんなことになるなんて……」と驚いてみせるのがマナーです。

●長期療養だったら、看護や世話も大変だったでしょうから、「看護の疲れが出ないように」遺族の健康を気づかいましょう。

●お見舞いに行っていればそのときのようすを語り、行っていない場合は「行かなかったのが心残り」など、遺族をいたわります。

◆急死の場合

このたびは急なことで、まことにご愁傷さまでございます。○○さんもさぞご無念のことでございましょう。ご家族のみなさまのお悲しみもいかばかりかとお察しいたします。どうかお力落としをなさいませんように。心からご冥福をお祈りいたします。

このたびは突然の災難で、言葉もございません。まだ信じられない思いでございます。

信じられないことで、どうお慰めしてよいかわかりません。どうかお気をしっかりお持ちになってください。

突然のことで、さぞかしお力落としのことと思います。心中をお察しいたしますと、なんとも申し上げる言葉もございません。もしなにか私どもでお役に立てるようなことがあれば、遠慮なくお申しつけください。

ポイント

●事故死、突然死の場合は、喪家も弔問客も、驚きやとまどいが隠せません。「突然なことで」と、故人を失った悲しみをまず表現しましょう。

●事故の場合は、事情を知っていても弔問客からは具体的には触れないようにします。

●弔問客もとまどいはありますが、何より遺族の身になって、いたわりの言葉をかけます。

●近しい関係なら手伝いの申し出をするなどの気づかいをみせましょう。

◆故人が高齢の場合

このたびは、ご愁傷《しゅうしょう》さまでございます。まだまだお元気でいていただきたかったです。ご家族のみなさまも、残念なお気持ちでいっぱいでしょう。心からご冥福《めいふく》をお祈りいたします。

お悔やみ申し上げます。○○さんには、お世話になりました。じゅうぶんにご恩が返せないままに、このようなことになりましてまことに残念でございます。ご家族のみなさまも、さぞかしご愁傷のこととお察し申し上げます。

先日、お目にかかったときは大変にお元気で、いろいろとお話もさせていただきましたのに残念です。ご家族のみなさまも、さぞかしお悲しみのこととお察し申し上げます。
○○さんが卒寿《そつじゅ》を超えるまで長生きされたのも、町内会の世話役を務められるなど、多くの功徳を積まれてきたからに違いありません。安らかに眠られますようお祈り申し上げます。

ポイント

●長寿の場合でも、「まだまだ生きていただきたかった」という気持ちを表現します。
●「天寿をまっとうしたのでおめでたい」「明るく送ってあげましょう」などは遺族の気持ちを気づかわない言葉です。故人がいくつでも、家族にとってその死は悲しいものです。そこを配慮したお悔やみを述べましょう。
●故人の生前のようすを話し、感謝するとよいでしょう。
●長年がんばってきた故人が安らかに眠れるように祈ります。

◆配偶者を亡くした場合

このたびは、お悔やみ申し上げます。長い間、連れ添われたご主人さまを見送られて、さぞかしご落胆のこととお察し申し上げます。私も長年、ご主人さまにはひとかたならぬお世話になり、寂しさでいっぱいでございます。どうかお力落としをなさいませんよう。ご冥福をお祈り申し上げます。

このたびはご愁傷さまでございます。○○さんは本当によく看病なさいました。奥さまも安心して旅立たれることでしょう。どうか気を確かにもってお子さんを見てあげてください。ご冥福をお祈りいたします。

私も昨年、妻を亡くしましたので、ご主人のお辛い気持ちがよくわかります。いまはただ、呆然とされていると思いますが、まずご自分やお子さまたちのおからだを優先してお過ごしください。本当にご愁傷さまでございます。

！ポイント

●配偶者を亡くした遺族は深い悲しみにあります。そんな遺族を励ましたいと思うのは当然ですが、「がんばって」「しっかりして」はストレートすぎます。まだ亡くなって間もない通夜や葬儀の場面では、励ますよりも悲しみに共感することにポイントをおいてお悔やみを述べましょう。
●長期間、配偶者が看病していたような場合は、そのことを慰めます。
●まだ手のかかる子どもがいるような場合は、子育てを通し、家族が健やかに回復することを祈ります。

◆若い人の場合

このたびは、まことにご愁傷《しゅうしょう》さまでございます。まだこれからというときにご不幸に見舞われ、さぞかしご無念のこととお察し申し上げます。私も、この世には神も仏もないのかと恨めしい気持ちでございます。しかし、恨んでも○○さんは幸せにはなれますまい。この上は、ただ○○さんのご冥福《めいふく》をお祈りさせていただきます。

花なら蕾《つぼみ》のこの若さでのご不幸。○○さんの死を心からお悔やみ申し上げます。ご両親をはじめご家族のみなさまのお悲しみを思うと言葉もございません。

ラグビー部の猛者だった○○君が、まさかこんなに早く逝くとは思ってもおりませんでした。なんと申し上げてよいか言葉が見つかりません。○○君の魂が安らかであることをお祈りするばかりです。また、ご家族のみなさまには、さぞやおつらいことと拝察申し上げます。通夜、葬儀と大変ですが、どうぞ体調などをお崩しなりませんように……。

❗ポイント

●若い人の不幸は、喪家側も弔問客もやり切れない思いが強いものです。取り乱さないように気をつけながら、残念な気持ちを述べましょう。遺族への思いやりも忘れないようにしたいものです。

●若い人の死は可能性いっぱいだった将来が無くなったことを意味します。遺族に対し、「せっかく○○大学に進学したのに」「将来はお医者になれたのに」など、将来を惜しむような言葉は遺族を悲しませるだけなので、避けましょう。

◆故人が子どもの場合

このたびは、ご愁傷さまでございます。こんなことになるとは、本当に残念です。お父さまお母さまのお気持ちを思うと、つらすぎてなんとも申せません。〇〇ちゃんの笑顔を思い出すと、胸がはりさけそうです。何もできませんが、〇〇ちゃんのご冥福《めいふく》を心からお祈りいたします。

このたびは、とんだことで、お悔やみ申し上げます。あんなに、大事に可愛がっておられたお嬢さまがこんなことになるとは、なんと申し上げてよいやら、言葉もみつかりません。先月、幼稚園の園庭で遊んでいる姿をお見かけしたときは、とても元気なようすでしたのに、知らせをお聞きしたときはどうしても信じられませんでした。

〇〇ちゃんがこんなことになるとは、まだ信じられません。悲しくて胸が張り裂けそうです。ご両親のお悲しみは計り知れないものでございましょう。

ポイント

●子どもを失った親の悲しみは言葉では言い表せない深さです。弔問では、表現うんぬんよりも、相手の心に寄り添うことを心がけましょう。

●高齢者と違い、青年の死や子どもの死は急死が多いものです。「突然の知らせを聞いて信じられなかった」など、急死を驚き動転しているようすを相手に伝えることがお悔やみになります。平然とした態度は、ふさわしくありません。死を悼む気持ちをストレートに表しましょう。

◆故人が仕事関係者の場合

このたびは、ご愁傷《しゅうしょう》さまでございます。△△株式会社の○○でございます。□□さんには、大変にお世話になっております。このたびは、お父上さまが残念なことで、お悔やみ申し上げます。

私、○○と申します。お父上さまとはケニア赴任の折、現地で親しくさせていただきました。訃報《ふほう》を聞きまして、急いでお伺いいたしました。本当に、人間が大きく立派な方でした。ご冥福《めいふく》をお祈りいたします。

お母さまには、○○銀行時代に大変にお世話になりました。お母さまが先輩で、帳簿のつけ方などをよく教えていただいたものです。

社長さまとは長くおつき合いをいただいておりました。仕事熱心で私どもも大変に信頼を申し上げておりました。残念なことです。

ポイント

●故人あるいは、遺族の仕事関係者として弔問する場合は、名前と関係を必ず名乗りましょう。

遺族は、あまり知らなかった仕事場での故人の一面がわかるとうれしいものです。くどくならない程度に触れるとよいでしょう。

●仕事関係者ですから、あまり感情的になるのはふさわしくありません。さりげなく、ただし誠実にお悔やみの気持ちを伝えます。

◆代理の場合

このたびはご愁傷さまでございます。心からお悔やみ申し上げます。
私は、○○さんとは同級生の△△の息子でございます。本来ならば、父がご焼香《しょうこう》に伺うところですが、なにぶん身体が弱っておりまして、私が代理にまいりました。父は、○○さんのご不幸を聞きまして、ひどく残念がっております。尊敬する友であったということです。心からご冥福をお祈りいたします。

私は、○○さまにお世話になりました△△の妻でございます。本来ならば、△△がご焼香に伺うところではございますが、本人は海外に長期出張でございまして私が代わりにまいりました。先ほど、メールでご不幸を知らせましたところ、大変に驚き残念がっておりました。

私は△△物産営業部の○○と申します。部長の□□が出張のため代理としてまいりました。弊社は故人さまに大変お世話になったと伺っております。故人さま、ご遺族さまにくれぐれもお礼を述べてくるように申しつかってまいりました。

ポイント

●代理で弔問する場合は、必ず誰の代理なのか、当人は故人とはどういう関係なのかを述べます。
●当人が弔問できなかった理由を話し理解してもらったうえで、当人の伝言を伝えます。
●当人から言い授かったお悔やみの気持ちを伝えるとともに、代理ではあっても、死を悼み冥福を祈る気持ちは、自分の気持ちとしても伝えます。

お悔やみの言葉

葬儀・告別式の弔問のしかた

葬儀は供養
告別式はお別れ

葬儀と告別式は本来別の儀式です。葬儀は、僧侶を先導に遺族や親しい人たちが、故人が成仏《じょうぶつ》するように読経《どきょう》し供養《くよう》することです。

一方、告別式は故人の知人、縁者が集まって別れを告げることです。また、焼香《しょうこう》することで、故人の生前の善行を増やすのだとも言われます。善行が多いほど成仏しやすいからです。

現在は、葬儀と告別式を区別せず、合わせて行われることが多くなっています。

葬儀・告別式は
ブラックフォーマルで

服装は、準喪服です。通夜はダークスーツなどでもかまいませんが、葬儀・告別式では、男性はブラックスーツ、女性はブラックフォーマルウエアの準喪服を着用します。子どもは、制服があれば制服を。なければ、地味な色とデザインの服を選びます。

告別式に参列する場合は、開始時間に遅れないようにしましょう。久しぶりの知人に会うこともあるでしょうが、場所柄をわきまえて、あまりはしゃがないようにします。

式場に着いたら、まず受付をすませます。通夜を弔問しなかった場合は、ここで香典《こうでん》を渡します。

また地域によっては、通夜とは別に葬儀・告別式用に包むことがあります。判断に苦しむ場合は、地元の人に尋ねましょう。

出棺の見送りまでは帰らない

葬儀、告別式は、僧侶《そうりょ》の入場で始まります。そのあとは読経→焼香→弔辞・弔電披露→僧侶退場→喪主あいさつ、と進むのが一般的です。さらにしばらく時間があいて、出棺があります。火葬場へ向かう棺《ひつぎ》をのせた車をお見送りします。喪主のあいさつが終わっていったん解散となってもすぐに帰らず、出棺まではいるようにしましょう。

火葬場へ同行するのは、遺族や親戚など親しい人です。

なお、やむをえない事情で、遅刻、中座する場合、読経中に式場に出入りするのはマナー違反になりますので注意しましょう。遅れて来た場合は、読経が終わるまで式場の外で待ちます。

形式を越えて偲ぶ心といたわりの気持ちを

神式、キリスト教式では、読経や焼香はありませんが、それぞれに式次第がありますので、その場に合わせて、謹《つつし》んで故人を偲《しの》びましょう。

また最近は、仏式でも神式でもキリスト教式でもない、自由葬も少しずつ増えています。

式場でクラシック音楽などを演奏する音楽葬。家族で密葬をすませた後、ホテルなどの会場を借りて行う「偲《しの》ぶ会」などです。どういう場であっても、故人を偲び、遺族をいたわる気持ちをもって参列します。

弔辞の実例

弔辞を依頼されたら断らない

弔辞は、告別式で参列者の代表が、故人を偲《しの》び冥福《めいふく》を祈るもので、遺族から依頼されます。依頼されたら引き受けるのがマナーです。

そもそも弔辞は、スピーチの中でも最も難しいと言われています。うまくなくて当たり前だと割り切って、「真心をこめる」「ゆっくりと話す」の2点にだけ気をつけて、臨みましょう。

正式には巻紙に毛筆でしたため、奉書紙《ほうしょし》で包むものですが、最近は白無地の便箋《びんせん》に万年筆で書き白封筒におさめることも多いようです。読み終わったら奉書紙あるいは封筒に戻し、祭壇《さいだん》に供えます。

原稿作成には心づかいを

原稿を作成する上で注意したいのは次の3点です。

①死因は公表されていることだけ述べる

公の場ですから、自殺や事故死のようなデリケートな死因の場合は直接的な表現はさけます。

②個人的な内容に偏《かたよ》らないように

故人のエピソードを語るのはかまいませんが、参列者の代表として故人の冥福を祈るという立場を忘れないようにします。

③忌み言葉、死を直接表現する言葉は避ける

忌み言葉は、180ページで説明しているので参考にしてください。また「死」という言葉は生々しすぎるので、婉曲《えんきょく》な表現を選びます。例えば、死去、逝去《せいきょ》、永眠《えいみん》、他界、世を去る、旅立つ、眠りにつく、夭逝《ようせい》、早世《そうせい》、急逝《きゅうせい》、不慮《ふりょ》のできごと、突然のこと、思いがけないこと、などです。

弔辞

病死の友人を悼む弔辞

話し手
友人
70代

故人
病死
70代

1分30秒

①故山田守さんのご霊前《れいぜん》に謹《つつし》んで、お別れを申し上げます。

山田君と私は、高校以来60年近くにわたる友人でありました。高校卒業後は、山田君は地元の大学に進学し、家業を継ぎました。私は上京し就職も向こうでしました。それでも、正月に戻れば、いつも酒を酌《く》み交わす仲でした。不幸にも一時期、山田君は会社をつぶしたことがありましたが、その正月も飲みました。

②持ち前の不屈の精神で、みごと会社を更生させさらに発展させ、ついには上場を果たしたときも飲みました。私は定年退職すると、山田君と毎日飲めるように、この町にUターンしてきました。

③しかし君は、2年前に病魔を得、奥さんの君江さん、会社をついだ長男の稔君ご夫婦、東京に嫁いだ長女の里美さんご夫婦の、ご家族のみなさんの手厚い看護のかいもなく、ついに逝《い》ってしまいました。

ご存知のとおり山田君は無口な男で、ふたりとも黙って酒を飲むことがよくありました。これからはしばらく仏壇に向かって飲むことにするよ。

④山田、長年の君の友情に心から感謝し、ご冥福をお祈りする。どうか安らかに眠ってください。

あいさつの流れ

①**故人への呼びかけ**
弔辞は、故人に捧げるものですから故人に向かって読み上げるスタイルです。

⬇

②**故人の思い出・功績**
故人の思い出や功績を披露します。死者に鞭打つような話題はタブーです。

⬇

③**遺族への心づかい**
どれほど遺族の看護が手厚かったか紹介します。

⬇

④**故人へ感謝し冥福を祈る**
故人に感謝することで、故人の生前の善行を改めて噛み締めます。

弔辞

町内の名物婦人を偲ぶ弔辞

①故西田さわ乃さまのご遺影《いえい》に町内会を代表して追悼《ついとう》の言葉を述べさせていただきます。

さわ乃さんは、大正14年5月14日、故本田正吉氏の五女として誕生されました。尋常高等小学校終了後、家の農業手伝いを経て、昭和10年に本町内の故西田正蔵氏に嫁《か》し一男二女に恵まれ内助の功を尽くされました。

②ひとり暮らしとなられた昭和55年ごろより、だれに頼まれたわけでもないのに、毎朝ほうきを持って町内の掃除を始められました。神社の境内や小学校の通学路など、ほうきを片手にした西田さんの姿を目にしない日はなかったほどでした。

朝、通学する児童たちとあいさつを交わすさわ乃さんはいつしか町内の有名人となりました。数年前には新聞にも取り上げられ、わが町内の名を広く知らしめたのです。

③そんな元気なさわ乃さんでしたが、昨年あたりから心臓に病を得て、去る5月21日眠るように昇天されているのを近所の方が見つけました。大好きだった庭の花がさわ乃さんを見送るように咲いていたそうであります。

④これまでの善行に心から感謝し、ご冥福《めいふく》をお祈りいたします。

話し手
町内会長
70代

故人
町内会員
自然死
80代

1分50秒

あいさつの流れ

①**故人の略歴**
自己紹介したあと、死を悼む言葉を捧げ、故人のプロフィールを紹介します。

②**故人の善行**
生前行った善行を披露し、町内会のみんながどれほど感謝していたかを告げます。

③**死の経緯**
あまり生々しくならないように気づかいながら、死の経緯を紹介します。

④**感謝の言葉**
町内会を代表し故人に感謝の言葉を捧げます。

弔辞

ボランティアサークル仲間の死を悲しむ

話し手
会長
70代

故人
会員
急死
60代

1分30秒

①清水吾郎さんに哀悼《あいとう》の意を表し、お別れの言葉を述べさせていただきます。

②清水さんが、私どものNPO法人「パソコンSOS！」におみえになったのは5年前のことでした。私どもは、高齢者の方々へパソコンなどIT機器の使い方をお教えするボランティア団体です。

③定年退職なさったばかりの清水さんがみえられたとき、受講希望の方かと思いましたが、仕事で精通したITの知識をボランティアとしてみなさんに伝えたいということでした。早速講師をお願いしましたが、大企業の重役でいらしたとは思えないほどの気さくでていねいな教え方で受講者の方の評判も大変によかったのです。生徒さんには95歳のご婦人もいらっしゃって今では携帯電話のメール機能まで使いこなしておられます。

そして、清水さんは奥さまをとても大事になさって、ちょっと照れたように「うちのワイフが」というのが口癖でいらっしゃいました。

④これからも、ずっと人気講師として、わがボランティアを引っ張っていってくださるものと思っておりましたのに、急にこのようなことになり、残念でなりません。心よりご冥福《めいふく》をお祈り申し上げます。

あいさつの流れ

①**あいさつ**
故人に向かって。

②**故人との関係**
故人との関係を述べます。ボランティア団体などの場合は、団体の趣旨も簡単に説明しましょう。

③**エピソード**
故人の団体での活動のようすを物語ります。口癖など故人の人柄をほうふつとさせるエピソードを。

④**まとめ**
故人の死を悼み、冥福を祈ってしめくくります。

弔辞の実例

弔辞

老人クラブの仲間の死を悼む

話し手
老人クラブ会長
80代

故人
老人クラブ会員
病死
80代

1分30秒

①青木政男さまはかねてより○○総合病院で病気療養中でありましたが、ご家族の手厚い看護もおよばず、○月○日不帰の客となられました。享年《きょうねん》82歳。謹《つつし》んで哀悼《あいとう》の辞を申し上げます。

②青木さんは、長らく老人クラブで企画運営係を務められ、ゲートボール大会や温泉旅行の運営になくてはならない存在であられました。もともと旅行代理店に勤めておられたということで、各地の美味しいもの、よい宿などをよくご存知で、老人クラブの旅行をみな楽しみにしておりました。

③ご本人はゴルフもお好きで、私もご一緒したことがありますが、若いころはシングルだったという腕前でとても歯がたちませんでした。しかし、青木さんが快活にいろいろと話しかけてくださるものですから、負けてもこちらは嫌な思いもせず、かえって爽やかなぐらいでした。年をとるとどうしてもひがみっぽく、愚痴っぽくなるものですが、青木さんはいつも明るくさっぱりとされておられたのは素晴らしいことです。

④残念ながら80歳をすぎたころから床につくことが多くなり、昨年からは入退院を繰り返されておられました。最期は、ご家族に見守られて眠るように安らかであったということです。ご冥福《めいふく》をお祈りいたします。

あいさつの流れ

①**あいさつ**
故人に哀悼の辞を捧げます。
↓
②**エピソード1**
老人クラブでのようすを伝えます。
↓
③**エピソード2**
プライベートでのつき合いがあったならば、故人の人柄を紹介します。
↓
④**まとめ**
おだやかに天寿をまっとうされた場合は、最期のようすを伝えてもかまいません。

弔辞

上司の死を悼む

話し手
部署代表
40代

故人
上司
病死
50代

1分40秒

①小林部長、およろこびください。ついに、わが部が総力をあげて開発したロボット△△‐DOGが発売されました。市場の関心も高く、ホームページのアクセス数が新記録を更新しました。私たちも、社内で鼻を高くしております。「社内の評価によろこんでどうする。オレたちは世界が相手なんだ！」。そんな部長のお叱りが聞こえてきそうです。でも私たちは、自慢したいのです。小林部長の△△‐DOGを。

②部長が病魔に倒れられたのは、昨年の夏でした。プロジェクトはスタートして3年が経過し、私たちは倦怠感に包まれていました。どうしても、頭脳部分のICの開発がうまくいかなかったからです。お見舞いに行った私たちに部長はある分厚いファイルを渡されました。欧米の最新技術に関する論文の切り抜きでした。管理職として忙しい合間を縫って英語の論文に目を通されていたとは！　私たちは自分たちの努力が足りなかったと恥じました。そのファイルに書かれていた部長の言葉「オレたちは世界が相手なんだ！」が合い言葉になり、△△‐DOGの開発に成功したのです。

③部長ありがとうございました。どうか安らかに眠ってください。そしていつまでも私たちを見守っていてください。

あいさつの流れ

①**あいさつ**
例では、故人への呼びかけから始まっていますが、「○○株式会社小林正和部長の御霊に、謹んで惜別のごあいさつを申し上げます」とあいさつから始めたほうがていねいです。

⬇

②**エピソード**
会社の部下として、上司の仕事ぶりが伝わるエピソードを語ります。

⬇

③**まとめ**
故人に今までの指導を感謝し、冥福を祈ります。

弔辞

部下の死を悼む

話し手
上司 50代

故人
部下 事故死 20代

1分30秒

①山本大樹君の御霊《みたま》に、謹《つつし》んで哀悼《あいとう》の意を申し上げます。

②山本君は平成○年、希望に満ちて○○株式会社に入社されました。私の部署には昨年の春に配属され、若手男性社員として意欲的に仕事にとりくんでいました。体育会系出身らしく、きびきびとした動作と、はきはきとしたあいさつで、営業成績も右上がりに上がっておりまして、将来大変に有望な人物だと評価も高かったのであります。

また、今どきめずらしく気配りのできる青年で、部の旅行などでの幹事ぶりも立派なものでした。先日の花見の宴は、わが部始まっていらいの趣向で、幹事である山本君の才覚にみんな舌を巻いたものでした。

③それがまさか、このように突然別れを告げる日が来ようとは部員一同思いもしませんでした。毎朝、つい「山本はどうした？　立ち寄りか？」と声をあげそうになり、次の瞬間にああ彼はもういないのだと、その不在に愕然《がくぜん》とするのであります。

④山本君。私たちは君のことをいつまでも忘れないよ。どうか、安らかに眠ってください。これから、花の季節がくるたびに私たちは君のすべてを思い出し、語りついでいくでしょう。

あいさつの流れ

①**あいさつ**
故人に、哀悼を捧げます。

②**エピソード**
故人の仕事ぶりを伝えます。若い人は、具体的な業績をあげていないことが多いので、人柄や、行動を称えるとよいでしょう。

③**故人を失った悲しみ**
故人がいなくなった職場の喪失感を訴え悲しみを伝えます。

④**まとめ**
故人の思い出を深く心に刻み、冥福を祈ります。

弔辞

幼なじみの死を悲しむ

話し手
友人
20代

故人
主婦
病死
20代

1分30秒

①斉藤望美さん。いつものようにノンちゃんと呼ばせてもらいますね。

②ノンちゃん。本当にお疲れさまでした。よく頑張ったね。病気だとわかって1年。最初はどんなに辛くてもがんばってほしいと思っていました。けれど、最後は苦しむノンちゃんを見るのが辛くて、「もういいよ。もう休もう」と声をかけてしまいました。

③ノンちゃんと私は小学校、中学校、高校と一緒でした。ノンちゃんは怖いことや痛いことが大嫌いで、18歳にもなって歯医者に行くときも、私はついて行ったんだよ。それなのに、この1年は痛いとも怖いとも言わずによく頑張ったね。やっぱり頼もしいご主人の正春さんと可愛い康介君がいたからだと思います。愛するふたりのために病気と闘ったんだね。

④ノンちゃん、覚えていますか。小学校の帰り道、将来何になりたいかおしゃべりしたことを。私が「花屋さん」というと、ノンちゃんはちょっと考えて「鳥」と言ったんだよ。「何の鳥?」と聞くと「白い鳥」と答えました。だから、私はノンちゃんは白い鳥になったんだと思います。これから白い鳥を見るたびにノンちゃんを思い出すね。大空から康介君と正春さんを見守っていてください。さよならノンちゃん。

あいさつの流れ

①**あいさつ**
幼なじみという親しい間柄なので、愛称で呼びかけます。

②**友人を失った悲しみ**
闘病時を思い出し、友の失った悲しみを伝えます。

③**エピソード**
故人との長い交友を振り返ります。遺族への心配りも忘れないようにします。

④**まとめ**
最後は故人の魂が安らかであるように、救いのある終わり方にします。

弔辞

恩師の霊に捧げる

①故正岡栄子先生の、ご霊前《れいぜん》に謹《つつし》んで哀悼《あいとう》の辞を捧げます。

②私は、すでに老年にさしかかり、ふだんは多少いばったふうをしておりますが、同窓会などで先生の前に出るといつも、たちまちいたずら小僧の昔にかえって、いくじなくドキドキしてしまうものでした。

③大正生まれの先生は厳しい方で、私たちはよく叱られました。昔の先生は子どもをよく叱りましたが、愛情があってのことで、子どもたちもそれがわかっていて、まっすぐすくすくと成長したものです。

正岡先生は、また大正モダニズムの影響も受けておられて、モダンでオシャレな女性でもありました。白いブラウスにタイトスカートを履いた姿が、田舎の小僧たちには、映画の女優さんのように眩しかったものです。そして先生が時折り読んでくださるハイネの詩集が、なんだか意味はわからないが、おとなの甘い世界をのぞくようで妙にこそばゆかったものでした。その影響でしょうか、先生の教え子には、○○○○君のような小説家や○○○○さんのような演劇人などの芸術家が多くでています。

④これからも、先生の薫陶《くんとう》を受けた生徒一人一人の胸に、正岡先生は生き続けてくださるでしょう。心からご冥福《めいふく》をお祈りいたします。

話し手
教え子 60代

故人
小学校教師 病死 90代

1分30秒

あいさつの流れ

①**あいさつ**
故人の霊前に哀悼の辞を捧げます。

②**故人との思い出**
やや個人的な思いを語ることで、故人への愛惜の念が伝わります。

③**先生ぶりを偲ぶ**
故人が教師であったので、その先生ぶりを伝えます。女性の場合は、服装などにふれるのもよいでしょう。

④**まとめ**
故人の思い出、指導を心に刻み、冥福を祈ります。

弔辞

教え子の死を悼む

話し手
中学教師 30代

故人
中学生 事故死 10代

1分40秒

①野本大輔君。君と、こんなに突然、お別れしなくてはならないのは大変悲しいことです。

②野本君は2年生になって、背がぐんと伸びて、からだつきもがっしりしてきましたね。それで1年生のときから入っていた野球部でも、打ったボールが遠くへ飛ぶようになって、夏の大会ではレギュラーになれるかもしれない。そう連絡帳日記に書いてくれました。もうすぐ、先発メンバーが発表になる予定でしたね。先生が「どうだい？」と聞くと、君は「自信はあるけど心配だ」と素直に答えました。

③事故なんかのせいで、野本君がもう野球ができないと思うと、先生はとてもくやしいです。

④けれど、君が毎日部活動をがんばっていたことは尊《とうと》いことです。キャンプファイアーで、ギターを持って歌ったことも尊いことです。一見、ぶっきらぼうに見えるけれど、本当は友だち思いのやさしい少年であったことは、クラスのみんなが知っています。これも尊いことです。君はたくさんの尊い思い出を持って、そして尊い思い出を私たちの心に残して、天にのぼりました。どうか安らかに眠ってください。ご冥福《めいふく》をお祈りいたします。

あいさつの流れ

①**あいさつ**
故人へ呼びかけます。まだ中学生なので、平易な言葉を選んだほうがよいでしょう。

②**エピソード**
教え子の学校でのようすがわかるエピソードをいきいきと伝えます。

③**無念の思い**
教え子の夭折に無念の思いは禁じ得ません。

④**まとめ**
みんなの心の中にいつまでも生き続けるように祈念し、締めくくります。

弔辞の実例

弔辞

自ら命を絶った友へ

①西条○○君。まさか君の弔辞を読むことになるとは思いませんでした。君の抱えていた苦しみを思うと、私は友人としてやりきれない思いにかられます。なぜ、少しでも重荷を引き受けることができなかったのかと。

②西条君とは大学時代、文芸サークルで出会いました。酒を酌《く》み交わしながら、朝まで文学論を戦わせました。幸せな時代でした。

③しかし卒業後は、それぞれ就職し社会という現実の中で生きていくことになったのです。おのおのが、少しずつ現実社会の中での泳ぎ方を覚え、結婚もし子どももでき、いつしか文学論の世界とは無縁になっていきました。それでも時折、飲むことがあると、昔の情熱の片鱗が各人の口にのぼります。西条君と最後に会ったのは5週間前でした。彼は最近、コクトーを読み直しているんだと言って、詩の一遍を口ずさみました。「私の耳は貝の殻／海の響きをなつかしむ」。思えば、これが彼の最期の言葉となりました。

④西条君、そこでは海の響きは聞こえるかい。真理子さんと大志君のことはみんなで見守っていくから安心して、安らかに眠ってくれ。

ご冥福《めいふく》をお祈りします。

話し手
友人30代

故人
友人 自死 30代

2分

あいさつの流れ

①**あいさつ**
友への呼びかけから始めます。自殺の場合は、死因を述べることは避けます。

②**故人との関係**
故人との関係を語ります。当時の故人のようすがわかるように表現します。

③**故人の最後のようす**
最晩年の故人のようすを振り返り、故人の苦悩を汲み取ります。

④**まとめ**
友人として、家族を見守っていく決意を述べます。

弔辞

幼い姪の死を悲しむ

話し手
叔母
40代

故人
姪
病死
8歳

1分40秒

①はるかちゃん。もう痛いことなくなったね。大好きなチョコレートもいっぱい食べられるね。

②はるかちゃんは、とってもよい子でしたね。宿題もちゃんとしたし、弟の夏木くんにもやさしかった。おばあちゃんの肩もたたいてあげたね。犬のジョンのお散歩もしたね。

病気になってからも、病院のベッドでじーとがまんしていたね。

そしてなにより、えらかったのは、お父さん、お母さんの娘として生まれたことでした。お父さんも、お母さんも、はるかちゃんが生まれてくれてとってもうれしかったんだよ。

はるかちゃんは、この世でとってもよい子でえらかったから、天国で楽しく暮らすことができますね。大好きだったチョコレートを一緒に入れるから、たくさん食べてね。

③もっともっと医学が進んで、はるかちゃんのかかった病気がなおせるようになるといいね。叔母ちゃんたち大人は、そのために努力していかなくてはいけません。がんばるからね。

④はるかちゃん。天国で、いっぱいいっぱいいっぱい遊んでね。

あいさつの流れ

①**あいさつ**
故人へ呼びかけます。幼子ですから、ふだん話しかけていたような口調でも良いでしょう。

②**エピソード**
幼い体で病魔と闘った故人をほめ、短い生涯を充分に生きたことを称えます。

③**決意**
故人の死を無にしないと誓います。

④**まとめ**
天国ではたくさん遊べるように祈ります。

弔辞の実例

弔辞

取引先の社長の社葬で

話し手
同業社長60代

故人
取引先社長 急死 50代

1分50秒

①○○株式会社社長、故小川聡殿に謹《つつし》みて弔辞を申し上げます。

小川聡殿は平成18年3月12日急逝《きゅうせい》されました。享年56歳。志半ばにしてのあまりに若い他界であり、まことに痛切の極みであります。

②小川聡殿は、平成12年代表取締役社長に就任されました。業界でも異例の若さであり、それゆえいらぬバッシングも受けられたようですが、持ち前の優秀な知識と商売のカンでみごとに今の隆盛を築かれました。

③さらに、若い人には珍しく伝統芸能への造詣《ぞうけい》も深く、私は月に2回小唄の稽古をご一緒させていただいておりました。その粋な歌いっぷりに、ほれぼれしたものです。経済人は金勘定だけではだめで、教養を身につけてこそ品格のある商売ができます。その点小川社長は、まさに理想の経営者であり、このたびの突然のできごとは、わが業界にとっても大いなる損失であります。小川社長就任以来、○○株式会社は、平成14年に念願の東証一部上場を果たされ、海外の支店も10を数えるほどになりました。

④この輝かしい業績を、小川社長の薫陶《くんとう》を受けた方々が引き継ぎ、さらに発展させてくれるであろうことは大いなる楽しみであります。社長もどうか天国から安心して見守ってください。ご冥福《めいふく》をお祈りいたします。

あいさつの流れ

①あいさつ
仕事関係の弔辞の場合は、いきなり呼びかけるのではなく、あいさつの形式から入ります。

②故人の業績
年月日を入れる場合は、間違えないように事前によくチェックします。

③故人のエピソード
仕事以外にも故人の人柄がわかるエピソードを。

④まとめ
会社の発展と故人の冥福を祈念してまとめます。

弔辞

自社の会長の社葬で

話し手
社員代表 60代

故人
会長 病死 70代

1分50秒

①○○株式会社会長、故中田正一郎殿の社葬にあたり、社員を代表いたしまして、ここに謹《つつし》んで弔辞を捧げます。中田会長は、わが社の創業者であり平成15年まで社長を務められておられましたが、我々はいつも親しみをこめて「おやっさん」と呼んでおりました。

②おやっさんは、昭和34年、野原の真ん中にバラックの工場を建てました。私が入った当時はまだ従業員が10人もいませんで、現在6000人の社員がいると聞いてもちょっと信じられないぐらいであります。おやっさんがすごかったのは、下請け仕事のほかに、いつも自分で図面を引き新しい機械を試作していたことです。そんな金にもならないことをと残業を渋る私たちに、おやっさんはいつも言ったものでした。

③「オレたちは町工場じゃ終わらねえ。一流になるんだ」。そして、機械ができると、国内はもとより海外まで売りに行ったのです。「売れたぞー!!」と大声で工場に飛び込んできたおやっさんの笑顔が今でも浮かびます。

④おやっさん。お疲れさまでした。これからは、若い人たちがもっと会社を大きくしてくれるはずです。どうか高いところから見守ってやってください。ご冥福をお祈りいたします。

あいさつの流れ

①**あいさつ**
仕事関係の弔辞の場合は、いきなり呼びかけるのではなく、あいさつの形式から入ります。

↓

②**故人の業績**
若いころの苦労を語ることもよいでしょう。

↓

③**故人のエピソード**
故人の口癖などがあれば、披露しましょう。

↓

④**まとめ**
会社の発展を期し、故人の冥福を祈ります。

法要に招かれたら

宗教ごとに法要が決められている

葬式・告別式が終わったあとは、初七日、四十九日などの法要を営んで、故人を偲《しの》びます。仏教では、主な法要には初七日、四十九日、一周忌、三回忌、七回忌、十三回忌、三十三回忌、五十回忌があります。特に四十九日、一周忌、三回忌は親類や友人を呼んで手厚く行います。

神式やキリスト教式でも、言葉や細かい年数は異なってもやはり、定期的に故人を偲ぶ風習があります。

できるだけ出席、ただし催促はしない

法要の案内が届いたら、なるべく早く返事を出しましょう。用事がない限りは断るべきではありません。といって噂を聞いたからと勝手に伺ってよいものではないので、葬儀と違い案内状が届かないかぎりは出席できないのが法要です。

当然、一周忌が近くなったからと、「そろそろですね」など催促がましいことは言わないのがマナー。ごく内輪で行いたいという遺族も少なくないのです。

招待を受けたがやむをえず欠席するという場合は、「御供物料」あるいは「御仏前」と表書きした供物料を現金書留で送ります。このとき、欠席の旨と故人を偲ぶ内容を書いた手紙を添えるとよいでしょう。

一周忌までは喪服を着用する

法要での服装は、一周忌までは、葬儀、告別式と同じ喪服を着用します。三回忌からはダークスーツや、地味な色のワンピースでかまいません。

さらに「御供物料」を持ってい

くのが一般的です。金額は香典の5～7割がめやすで、不祝儀袋に「御仏前」「御供物料」と表書きします。

新盆は手厚く供養する

故人が亡くなって最初のお盆は「新盆」といって特にていねいに供養《くよう》する習慣があります。呼び方は「にいぼん」「あらぼん」「しんぼん」などと地方によってさまざまです。

呼び名にならって風習もさまざまですが、玄関先にちょうちんや灯籠《とうろう》を飾るところが多いようです。このちょうちんは親戚が贈るのが一般的です。

また、新盆は故人の供養のために法要が開かれたり、法要がなくても親戚、友人が弔問に訪れることが多いようです。

葬儀、告別式あるいは法要に参列できなかった場合は、お盆に喪《そう》家《け》を訪ね、お線香をあげさせていただくのがよいでしょう。

四十九日が終わったら慰めの訪問をしたり手紙を書く

また、遺族の友人であれば四十九日が終わったころに、訪問したり手紙を書いたりして慰めることをおすすめします。それまでは何かと忙しいので避けたほうがよいということもありますが、諸事が一段落する四十九日後が心身ともに弱りやすいからです。

故人を偲ぶこと。遺族をいたわること。知人を失ったらこの2つに気を配りたいものです。

法要でのあいさつ

ざっくばらんに故人の思い出を語る

法要とひと口に言っても、四十九日と一周忌では、遺族の気持ちも参列者の思いも異なります。その時期時期にふさわしい、内容を考えましょう。故人の逝去《せいきょ》直後は生々しすぎて語れなかったエピソードでも、残された人々の心が落ち着いた一周忌には故人を思い出し偲《しの》ぶのにふさわしいということもあるでしょう。

一般的に、法要は葬儀、告別式に比べて規模が小さいですから、それほど形式ばらずに、むしろざっくばらんに故人の思い出を語ることが望ましいでしょう。

法要でのあいさつの構成は次の3つに流れになります。

①招かれたお礼

まず遺族にお礼を述べます。

②故人の思い出

自分と故人との関係を紹介しながら、故人の人柄が偲《しの》ばれるようなエピソードを紹介します。

③遺族への励まし

結びとして、早く立ち直るよう遺族を励まします。

慰霊祭などでは格調高く

故人が社会的に高い地位にあった場合、大規模な慰霊祭《いれいさい》などが開かれることがあります。あいさつは格式を保つことが大切です。

冒頭は「〇〇株式会社先代社長、故、〇〇〇〇氏の慰霊祭にあたり、社員を代表しまして、深く哀悼《あいとう》の意を捧げます」のようなあいさつから始めます。結びも「最後に、先代社長のご功績に改めて感謝を申し上げ慰霊の言葉といたします」のように締めましょう。

法要でのあいさつ

四十九日でのあいさつ

話し手
大学の後輩 40代

故人
大学の先輩 病死 40代

1分30秒

①本日は、〇〇〇〇さんの四十九日の法要にお招きいただき、ありがとうございます。私は〇〇さんの大学の後輩で、花田直人と申します。〇〇さんはテニス同好会の2年先輩でした。アパートが近かったこともあり、テニス以外でも大変にお世話になりました。

②卒業後もことあるごとに、声をかけていただき、つき合いが続いていましたが、数年前、〇〇さんが40歳になったのをきっかけにテニスを再開され、私も誘われてひと月に1回はコートでお会いするようになりました。それが病魔におそわれて、あっという間に他界されてしまうとは。四十九日を迎えてもまだ信じられない思いです。

③私でさえそうなのですから、美穂さんや大地くん、みずきちゃん、ご家族のみなさまのお悲しみは深まりこそすれ、とても消えることはないと思います。けれど、きっと〇〇さんは空の上から見守っています。目に見える形ではなくなってしまいましたが、〇〇さんの心はいつもみなさんと一緒です。お辛いでしょうが、一歩ずつ前に進んでください。先輩もそれを願っていると思います。

④簡単ではありますが、ごあいさつとさせていただきます。

あいさつの流れ

①**お礼と自己紹介**
法要に招かれたお礼を述べ、次に自己紹介をします。

②**エピソード**
故人との関係を説明しながら、ありし日のようすを紹介します。

③**遺族へのいたわり**
遺族の悲しみをおもんばかります。さらに四十九日の区切りを迎えたのを機会に、前向きになるように励ましましょう。

④**まとめ**
あいさつを結びます。

法要でのあいさつ

四十九日でのあいさつ

話し手

友人70代

故人

幼なじみ
病死
70代

1分40秒

①今日は、○○○○君の四十九日にお招きいただき、まことにありがとうございます。私は早川道夫と申しますが、○○ちゃん、すみません、こう呼ばせてください。○○ちゃん同様、生まれてこのかた70数年、この町内に住んでおりまして、○○ちゃんとは幼なじみと申す仲でありました。

②○○ちゃんが、あの世とやらに行ってしまってもう四十九日になりました。思えば、こんなに○○ちゃんの顔を見なかったことは物心ついてから初めてでして、それを思うとズシンと寂しさがつのってまいります。

③それとともに昭和34年の町内の大火事や、42年のさくら川の決壊《けっかい》など古いことを思い出します。○○ちゃんもオレも消防団で借り出されて、あの時は大変だったなあ。そうそう、最初の美穂ちゃんが生まれるときはえらい難産《なんざん》で、○○ちゃんは蒼い顔して家と病院と行ったりきたりしてオレも心配したよ。その美穂ちゃんも今じゃ、いいお母さんだ。いろいろ思い出すよなあ。まあ、近々オレもそっちに行くから、古い話はそのときしようや。

④年寄りのとりとめのない話になってしまいましたが、ごあいさつとさせていただきます。家族のみなさまには、どうかお力おとしのないよう。疲れの出るころですので体に気をつけてくださるようお願い申し上げます。

あいさつの流れ

①**お礼と自己紹介**
まず遺族に法要に招かれたお礼を述べ、次に自己紹介をします。

②**寂しさや悲しみ**
故人を失った、寂しさや悲しみを述べます。

③**エピソード**
長年のおさななじみですので、昔話などを披露するのもよいでしょう。

④**まとめ**
遺族へのねぎらいを最後にもってきても良いでしょう。

法要でのあいさつ

一周忌でのあいさつ

①本日は〇〇〇〇先生の、一周忌の法要にお招きいただきありがとうございます。私は、〇〇高校で先生の薫陶《くんとう》を受けました宮本早苗でございます。
②先生が、突然他界されてからはや1年が経ちました。時の流れの早さに驚くとともに、先生からいただいたものの大きさに改めて感銘を深くしている今日このごろでございます。
③〇〇先生には、高校のクラス担任をしていただき、歴史を教わりました。私は先生のおかげで歴史に興味をもち、史学科に進学し今は博物館で学芸員を務めております。その関係で、先生がコツコツとなさっていた郷土史の研究をまとめさせていただいておりますが、一周忌を期にご遺族から自費出版されることになりました。古文書から、この地方の女性の日常を読み解いている貴重な研究です。ささいな点も見逃さず、丹念に調べておられるノートを見て、同じ歴史学の徒としてとても感動いたしました。
④私たちが卒業するときに先生がくださった餞《はなむけ》の言葉は「迷ったら困難な道を選びなさい」でした。私たちは、人生の岐路に立つたびにこの言葉を思い出し生きていきます。先生、どうか見守っていてください。先生の御《み》霊《たま》にお願い申し上げ、ごあいさつとさせていただきます。

話し手
教え子 20代

故人
高校恩師 事故死 60代

1分30秒

あいさつの流れ

①**お礼と自己紹介**
遺族に法要に招かれたお礼を述べ、自己紹介をします。
↓
②**時間経過を振り返る**
故人が没してからの時間経過を振り返ります。
↓
③**エピソード**
故人との関係を振り返りながら、人柄を偲びます。
↓
④**まとめ**
今後も生徒として、先生に見守っていてほしいという思いをまとめます。

法要でのあいさつ

三回忌でのあいさつ

話し手
上司 40代

故人
部下 事故死 30代

1分30秒

①本日は、〇〇〇さんの三回忌の法要にお招きいただきありがとうございました。私は、〇〇〇さんが勤務されていた〇〇ツーリストの金山春夫と申します。

②〇〇〇さんが事故に遭《あ》われて3年。ご両親をはじめご遺族のみなさまにはさぞかしお辛い日々であったとご推察いたします。

③〇〇〇さんは、英語とスペイン語が堪能で、わが社でも指折りのツアーコンダクターであられました。技能が優秀なだけでなく、お客さまの気持ちによりそうことができる若者で、〇〇〇さんのツアーにはリピーターのお客さまが多かったのです。今でも祥月命日《しょうつきめいにち》にはお客さまから会社あてに、〇〇〇さんへの哀悼《あいとう》の手紙が届きます。本日持参いたし、ご霊前に供えさせていただきました。

④また〇〇〇さんが命を落とされた彼の地では、あの事故をきっかけに安全への認識が高まり、わが国なみの基準が設けられたと聞いております。2度とあのような大惨事は起こさないことを、御霊《みたま》にご報告いたします。最後に私たちは、〇〇〇さんの願いであった「お客さま全員が満足できる旅」を目指し努力し続けることを誓って、ごあいさつとさせていただきます。

あいさつの流れ

①あいさつ
まず遺族に法要に招かれたお礼を述べ、次に自己紹介をします。

②遺族へのいたわり
わが子を失った遺族の悲しみは深いものです。「早いもので」という表現は不適当です。

③故人の仕事ぶり
具体的なエピソードを紹介します。

④まとめ
故人の死を無駄にせず、その意志を受け継いでいくことを誓います。

法要での
あいさつ

慰霊祭でのあいさつ

話し手
取引先社長
70代

故人
会長
病死
80代

1分30秒

①○○財団先代会長、故○○○○○氏の慰霊祭《いれいさい》にさいし、深く哀悼《あいとう》の意を申し上げます。

②○○氏は、若くして電子部品の分野で成功をおさめられ、利益を社会に還元したいという崇高《すうこう》なお考えから○○財団を設立されました。以来、会社運営の傍ら財団の活動に従事され、数々の教育・福祉事業を支援、運営されました。学校への寄付、病院の設立、老人ホームの運営、各スポーツ大会への協賛等、この地方の文化振興発展は、その大部分を○○氏のご尽力に負うているのであります。また、財団はユニセフのこの地方での活動の窓口にもなっており、一地方のみならず世界を視野に入れた社会貢献活動の拠点となっております。

③私は現在、小さな会社を経営しておりますが、生前の○○氏には物心ともに大変お世話になりました。今日私が、なんとか社員を路頭に迷わせずにすんでおりますのも○○氏のおかげであると言っても過言ではありません。特に「自分の正義でなく、社会の誠を考えよ」というお言葉は私の座右の銘であります。浅学非才ではありますが、先生のご遺志を実現するために奮励努力していくことを誓い、ごあいさつとさせていただきます。

あいさつの流れ

①**あいさつ**
慰霊祭のような大規模な式典の場合は、司会者によって話し手が紹介されますので、自己紹介ははぶいてもかまいません。

⬇

②**故人の業績**
会社名、学校名などを出す場合は間違えないように気をつけます。読みにくい名前にはルビを振っておきましょう。

⬇

③**まとめ**
故人の遺志を継ぐ決意を述べ締めくくります。

慰めの手紙

通夜、葬儀の代わりに出すお悔やみ状

遺族へ出す手紙は、お悔やみ状と慰めの手紙に分けることができます。

お悔やみ状は、通夜、葬儀・告別式に参列できないときに、お悔やみを述べ香典《こうでん》を添えて出す手紙です。それほど親しい間柄でなければ弔電を打つこともあります（184ページ参照）。社会人として、欠いてはいけない礼儀です。

お悔やみ状は、訃報《ふほう》に驚き、悲しみを表す手紙なので、時候のあいさつや頭語（拝啓など）ははぶきます。内容は「①お悔やみの言葉」「②遺族への慰め」「③香典送付について」「④冥福《めいふく》を祈る」の4点を盛り込むようにしましょう。

四十九日が過ぎたら慰めの手紙を

いっぽう慰めの手紙は、失意にある遺族を親しい友人として慰めるもので、義務ではありません。

故人の臨終から、通夜、葬儀・告別式と、遺族は緊張と多忙の日々を過ごします。ですから、かえって故人が亡くなった直後は気が張っていて、悲しみを感じることが少ないものです。ところが四十九日を過ぎて、雑事から解放されると、深い喪失感に襲われることが多いのです。また、緊張がとけて身体の疲れがどっと出ることもあります。この時期に、慰めの言葉をかけてあげるのが、本当の心づかいというものでしょう。メールや電話もありますが、やはり手紙のほうが、心がこもります。

無理に長く書く必要はありません。相手の心と体を気づかう気持ちを素直に表現しましょう。

慰めの手紙

お悔やみ状

書き手
知人40代
故人
知人の父 病死 80代
相手
知人

①ご尊父《そんぷ》さまの訃報に接し、驚きを禁じえません。
　病気ご加療中とは伺っておりましたが、ご家族のみなさまの手厚い看護にもかかわらず、残念なことと存じます。
②みなさまのお悲しみはいかばかりかと、お察し申し上げ、心からお悔やみ申し上げます。お宅にお邪魔したときに、囲碁を一局お手合わせいただいたことが昨日のことのように思い出されます。泰然自若《たいぜんじじゃく》とした、素晴らしい打ち手でいらっしゃいました。
③本来であれば、はせ参じまして、ご焼香を申し上げるべきところですが、長期出張で遠方におりましてかないません。このように手紙でお悔やみを申し上げるご無礼をお許しください。心ばかりのご香料を同封いたしますので、ご霊前《れいぜん》にお供えください。
④○○さんをはじめ、ご家族のみなさまは、さぞかしお疲れのことと存知ます。ご尊父さまのご供養《くよう》をなしとげるためにもどうかご自愛ください。
　まずは略式ながら書中にて、ご冥福《めいふく》をお祈り申し上げます。

手紙の流れ

①訃報への驚き
時候のあいさつ、頭語ははぶきます。

②お悔やみの言葉
故人の思い出とともにお悔やみを述べます。

③参列できないことのお詫び
弔問に行けなかったことをていねいに詫びます。また香典をご霊前に供えてもらうようお願いします。

④冥福を祈る
最後は故人の冥福を祈り、筆を置きます。

慰めの手紙

慰めの手紙

夫を亡くした友人を慰める

①千恵さん。春風が頬に心地よいですね。○○さんの四十九日も無事終わって、落ち着いた日々が戻って来たころだと思います。疲れがでていませんか。少しゆっくりと休んでくださいね。智ちゃんは元気に学校に通っていますか。お葬式のときには、ずいぶんと沈んでいたから心配です。○○さんに似て、とても理科が好きなんですって？　将来が楽しみね。
②○○さんの病気が発見されてから1年。千恵さんは、本当によく頑張りましたね。○○さんの看病をしながら、病気のことをよく勉強して、よい病院に移って。一番いいお医者さんと治療法を選んだんですもの。本当に最善の手を尽くしたと思います。お疲れさまでした。きっと○○さんも満足して、感謝していると思います。
③これからまだ、新盆《にいぼん》、一周忌と肩の凝ることが続きますが、私にできることがあれば、いつでも声をかけてくださいね。千恵さんのためなら、何でも喜んでやらせていただきます。遠慮はなしよ。
④朝晩の寒暖の差が激しいころです。ご自愛ください。

書き手
友人40代

故人
友人の夫 病死 40代

相手
女性の友人

手紙の流れ

①**時候のあいさつ**
手紙の性格上、華やかなあいさつは避けましょう。
⬇
②**慰めの言葉**
遺族は、故人に対して悔いが残っているとなかなか立ち直れません。「手をつくしたのだ」「よくやった」というように慰めましょう。

⬇
③**援助の申し出**
「いつでも手助けしますよ」という姿勢を見せます。
⬇
④**結び**
「○○の折、ご自愛ください」は結びの決まり文句。

慰めの手紙

子どもを亡くした友人を慰める

書き手
友人30代
故人
子ども事故死10歳
相手
友人

①しとしとと雨が続きます。こんな日は、いかがお過ごしかとお手紙を書くことにしました。
②あんなことが、あってから3カ月。どんなに日にちがたっても、○○ちゃんを失った悲しみは癒えないと思います。涙の乾くときはないでしょう。こういうとき、他人の言葉は無力ですね。どんなことを言ってもあなたの悲しみを代わりに引き受けることはできないのですから。でも、いつでもあなたの力になりたいと思っている人間がここにもいるってことを、ときどき思い出してくださいね。
いろいろなことが落ち着いたら、うちに泊まりに来ませんか。吾郎さんも一緒に。
③○○ちゃんのご供養をちゃんとするためにも、お父さんお母さんがしっかりしなくちゃ。悲しみのあまり、体や心をこわしてしまっては天国の○○ちゃんが心配するわよ。
それでは、泊まりに来ること、考えてみてくださいね。
④吾郎さんにも、よろしくお伝えくださいね。

手紙の流れ

①時候のあいさつ
時候のあいさつの前に、頭語を入れる場合は、最後に結語を入れます。「拝啓…敬具」「一筆申し上げます…かしこ」等。

⬇
②慰めの言葉
子どもを失った親の悲しみは深いものです。無理になぐさめようとはせずに、悲しみを理解する表現のほうが、いいでしょう。

⬇
③励まし
故人である子どものためにも、前向きになるように励まします。

献杯のあいさつ

故人に杯を捧げる「献杯」

通夜や法要、慰霊祭《いれいさい》のあとの精《しょう》進《じん》落《お》としで、乾杯することを「献杯」と言います。

乾杯という言葉は、晴れやかな響きがあって、弔事にはふさわしくないからでしょう。

しかし、もともとは人に対して敬意を表して杯を捧げることで、生きている人にも行うものです。また、敬意を表された人は捧げられた杯を飲み干さなくてはならないという風習がところによってはあるようです。

杯を合わせない拍手をしない

法要のあとなどに行う献杯は、故人に杯を捧げることですから、口をつけたあとに、拍手はしません。遺影に向かって一礼することが多いようです。それから、杯を合わせてカチンと音をたてることもしません。

発声の前に短いあいさつを

献杯の音頭とりを指名されたら、短いあいさつをして、それから「○○さんのご冥福《めいふく》をお祈りして。献杯」と発声します。

あいさつの内容は、今まで紹介してきた法要のあいさつと変わりません。自己紹介をし故人の思い出を語り、冥福を祈ります。そして、最後に協力いただいたお礼を言って結びます。ただ、参列者は杯に口をつけず待っているのですから、あまり長々しくならないように気をつけます。

「献杯」という発声も、法要にふさわしく、あまり明るくならないようにしましょう。

献杯のあいさつ

四十九日の献杯のあいさつ

話し手
会社の先輩 60代

故人
会社の後輩 50代 病死

1分20秒

①本日は、○○○○さんの四十九日の法要に参列させていただき、まことにありがとうございます。ご指名をいただきましたので、ひとことごあいさつを申し上げます。
②私、××商事の神崎信二と申します。○○さんは、3年下の後輩になります。同じ時期に独身寮にいたことがありまして、それ以来のつき合いでした。会社というのは、みんなライバルでして、なかなか腹を割って話すことはないのですが、○○さんとは不思議にウマがあって、よく会社の将来を憂《うれ》いながら赤提灯で杯を重ねたものであります。
③彼は、ここ数年、病気であったためにほとんど酒は飲みませんでした。それなのに酒席が好きで、ウーロン茶をちびちびやりながらニコニコと座っていました。
　入院してから、病院に見舞いに行くと「どうせ、入院するなら、酒をがばがば飲んでいけばよかった」と笑って言いました。○○君、今日は思う存分飲んでください。
④それでは、○○○○さんのご冥福を祈って、「献杯！」
　ありがとうございました。

あいさつの流れ

①**あいさつ**
遺族に招かれたことへのお礼を述べます。

②**自己紹介**
故人との関係を。

③**エピソード**
献杯の指名は突然のこともあり、なかなかエピソードまでは思いつきません。その場合は自己紹介が終わったら、すぐに発声に移ってもよいでしょう。

④**発声**
遺影に向かって杯を捧げます。

一周忌の献杯のあいさつ

話し手
叔父 70代

故人
姪 50代 病死

1分20秒

①本日は、○○○○の一周忌の法要にお集まりいただき誠にありがとうございました。私は、叔父の西田省三でございますが、献杯の発声の前にひと言ごあいさつを申し上げます。

②ご存知のように○○は、昨年がんで亡くなりました。享年51歳でございました。子どものころから陸上の選手で病気ひとつしたことがない子でしたので、私どもも信じられない思いでした。

③この1年の間に、忘れ形見《がたみ》の恵一は就職が決まり、直美も大学に合格しました。私は、これが故人への何よりの供養《くよう》だと思っております。残された家族が、それぞれ精一杯生きて、幸せになること。それが、空の上にいる○○が一番に望んでいることだと思うからです。

④○○ちゃん。大二郎君をはじめ、恵一も直美も、みんな元気だ。安心して、高みの見物をしていなさい。

それでは、みなさん。ご唱和願います。

○○さんの冥福《めいふく》を祈って、「献杯!」

ありがとうございました。

あいさつの流れ

①**あいさつ**
話し手は故人の親族なので、一般参列者に対して集まってくれたことへの、お礼を述べます。

②**悲しみを述べる**
親族として、故人を失ったときの悲しみを回想します。

③**故人の冥福を祈る**
残された家族を励まし、故人の冥福を祈ります。

④**発声**
遺影に向かって、杯を捧げ、献杯します。

献杯のあいさつ

偲ぶ会での献杯のあいさつ

①本日は、故〇〇〇〇さんの、偲《しの》ぶ会にお招きいただきありがとうございます。僭越《せんえつ》ながら献杯の音頭をとる前に、ひと言ごあいさつを申し上げます。

②〇〇さんは、いうまでもなくわが市が誇る俳人であり本日のこのしのぶ会も、〇〇さんが主宰されていた俳句同人誌「森羅」のお仲間が開いてくださいました。しかし私は、そちらのほうは無粋でして、まったくわかりません。〇〇さんと私の関係は、ミジンコなのであります。私はミジンコの飼育が好きでミジンコ同好会なるものを運営しております。ある日、中年の男性が入会を希望してお見えになり、それが〇〇さんでした。早速ミジンコ飼育の基礎をお教えしますと、水槽をいくつも買って熱心に育成を始められました。じつは、私は〇〇さんがそんなに偉い俳人だとは、急死されるまで存じ上げなかったのです。そして晩年の秀作にはミジンコを詠んだものが多いことも亡くなったあと教えられました。「ミジンコのふるえ原始の風光る」私の好きな句であります。

③それでは、〇〇〇〇さんのご冥福を祈って「献杯」

ありがとうございました。

話し手
同好会仲間 50代

故人
同好会仲間 40代 急死

1分30秒

あいさつの流れ

①あいさつ
主催者に、偲ぶ会に招かれたことへのお礼を述べます。このように大規模な会では、司会者が紹介してくれますので自己紹介は省略してもよいでしょう。

②エピソード
故人と自分との関係を述べながら、故人のエピソードをひきだしていきます。故人が芸術家であれば、その作品を紹介します。

③発声
故人の遺影に向かって、杯を捧げます。

すぴーち工房
現代に合った冠婚葬祭マナーやビジネスマナーを研究し数多くの著作を手がけるライター・編集者グループ。肩の凝らない、それでいて理にかなったマナーやスピーチを提案している。『すぐ役立つ結婚スピーチ』『しっかり役立つあいさつスピーチ』（法研）他執筆。

しっかり役立つ
葬儀法要 しきたり・あいさつ・手紙

平成18年3月20日　第1刷発行
平成26年8月27日　第12刷発行

著　　者　すぴーち工房
発 行 者　東島俊一
発 行 所　株式会社 法 研
東京都中央区銀座1-10-1（〒104-8104）
販売 03(3562)7671／編集 03(3562)7674
http://www.sociohealth.co.jp
印刷・製本　文唱堂印刷株式会社

ISBN978-4-87954-615-9 C2077　定価はカバーに表示してあります。